全国中等职业技术学校商贸类专业

会计基础习题册

——与《会计基础》配套

中国劳动社会保障出版社

简介

本习题册与全国中等职业技术学校商贸类专业通用教材《会计基础》配套使用。习题册按教材章节的顺序编写，包括名词解释、填空题、选择题、判断题、简答题、实训题等，题型丰富、难易适中，供学生课后练习使用。

本习题册由邹香主编。

图书在版编目(CIP)数据

会计基础习题册/邹香主编．—北京：中国劳动社会保障出版社，2016
全国中等职业技术学校商贸类专业
ISBN 978-7-5167-2623-5

Ⅰ.①会…　Ⅱ.①邹…　Ⅲ.①会计学-中等专业学校-习题集　Ⅳ.①F230-44

中国版本图书馆 CIP 数据核字(2016)第 180651 号

中国劳动社会保障出版社出版发行
（北京市惠新东街 1 号　邮政编码：100029）

*

郑州市运通印刷有限公司印刷装订　　新华书店经销
787 毫米×1092 毫米　16 开本　4.25 印张　99 千字
2016 年 7 月第 1 版　　2021 年 12 月第 9 次印刷
定价：8.00 元

读者服务部电话：(010) 64929211/84209101/64921644
营销部电话：(010) 64962347
出版社网址：http://www.class.com.cn
http://jg.class.com.cn

目　录

第一章 会计概述

一、名词解释

1. 会计

2. 会计对象

3. 权责发生制

4. 收付实现制

5. 持续经营假设

二、填空题

1. 会计的基本职能一般包括________和________。

2. 会计是以货币为主要计量单位，通过________、记录、计算和________等环节，对特定主体的经济活动进行记账、算账、报账，为各有关方面提供会计信息。

3. 会计人员在进行会计核算的同时，对特定主体经济活动的合法性、合理性进行审查称为________。

4. 会计核算和监督的内容是特定主体的____________。

5. ________、________和报账属于会计核算的三项工作。

6. ________、________和报告属于会计核算的三大环节。

7. 会计监督是通过________、________、分析和考核等具体方法，促使经济活动按照既定的要求运行，以达到预期的目的。

8. 会计对象是指企、事业单位在日常经营活动或业务活动中所表现出的____________的过程和结果。

9. 设置会计科目是根据____________的具体内容和组织管理要求，事先规定分类核算的项目，并在账簿中据以开设账户，以便取得所需要的核算指标。

10. 复式记账是对每一项经济业务都以相等的金额同时在________________的相互联系的账户中进行记录的一种方法。

11. 填制和审核会计凭证是以__________作为记账的依据，保证会计记录真实、完整、可靠，审查经济活动是否合理、合法的一种专门方法。

12. 登记账簿是根据__________________，在账簿上进行全面、连续、系统记录的方法。

13. 财产清查就是盘点实物、__________，查明各项财产物资和资金实有数据的方法。

14. 成本计算是指对生产经营过程中所发生的各种费用，按照一定__________进行收集和分配，以计算确定各对象的总成本和单位成本的方法。

15. 编制会计报表是对_____________的总结，是将账簿记录的内容定期地加以分类、整理和汇总，提供为经济管理所需要的会计核算指标的方法。

三、选择题

1. 从目前会计工作的任务和性质看，会计核算的职能主要体现在（　　）。

A. 事后核算　　B. 事中核算

C. 事前核算　　D. 预测、分析和考核

2. 会计主体发生的一切经济业务，都要依次经过的基本核算环节是（　　）。

A. 填制审核凭证、登记账簿、成本计算和编制会计报表

B. 填制审核凭证、编制会计报表、成本计算和登记账簿

C. 填制审核凭证、登记账簿、编制会计报表和成本计算

D. 填制审核凭证、成本计算、登记账簿和编制会计报表

3. 会计的基本职能一般包括（　　）。

A. 会计计划与会计决策　　B. 会计预测与控制

C. 会计控制与决策　　D. 会计核算与会计监督

4. 在可预见的未来，会计主体不会破产清算，所持有的资产将正常营运，所负有的债务将正常偿还。这属于（　　）。

A. 会计主体假设　　B. 持续经营假设

C. 会计分期假设　　D. 货币计量假设

5. 在我国，会计期间分为年度、半年度、季度和月度，它们均按（　　）确定。

A. 公历起讫日期　　B. 农历起讫日期

C. 7 月制起讫日期　　D. 4 月制起讫日期

6. 会计核算和监督的内容是特定主体的（　　）。

A. 经济活动　　B. 实物运动　　C. 资金运动　　D. 经济资源

7. 会计主体从（　　）上对会计核算范围进行了有效的界定。

A. 空间　　B. 时间　　C. 空间和时间　　D. 内容

8. （　　）作为会计核算的基本前提就是将一个会计主体持续经营的生产经营活动划分为若干个相等的会计期间。

A. 会计分期　　B. 会计主体　　C. 会计年度　　D. 持续经营

9. 下列说法正确的是（　　）。

A. 一个企业只有一个会计主体

B. 一个企业就是一个法律主体

C. 一个企业既是一个会计主体，也是一个法律主体

D. 一个法律主体可能有多个会计主体

10. 企业固定资产可以按照其价值和使用情况，确定采用某一方法计提折旧，它所依据的会计核算前提是（　　）。

A. 会计主体　　B. 持续经营　　C. 会计分期　　D. 货币计量

11. 资金的退出指的是资金离开本企业，退出资金的循环与周转，主要包括（　　）、偿还各项债务、上缴各项税费以及向所有者分配利润等。

A. 对外捐赠　　B. 存入银行　　C. 对外投资　　D. 建立分公司

12. （　　）是对会计对象的基本分类。

A. 会计科目　　B. 会计原则　　C. 会计要素　　D. 会计方法

13. 会计主体将按照既定的用途使用资产，按照既定的合约条件清偿债务，会计人员在此基础之上选择会计原则和方法，立足的会计基本假设是（　　）。

A. 会计主体　　B. 持续经营　　C. 会计分期　　D. 货币计量

14. 正是由于有了（　　）的划分，才出现了权责发生制和收付实现制的区别，并进而产生了会计处理方法上对预收、预付、应收和应付等的运用。

A. 会计主体　　B. 会计科目　　C. 会计期间　　D. 会计要素

15. 会计期间的划分，有利于企业及时（　　）。

A. 分配利润　　B. 编制财务报告　　C. 更正错账　　D. 查账

四、判断题

1. 会计是以货币为主要计量单位，反映和监督一个单位经济活动的一种经济管理工作。（　　）

2. 会计核算和监督的内容就是指企业发生的所有经济活动。（　　）

3. 会计主体不一定是法律主体，而法律主体一般是会计主体。（　　）

4. 会计主体是指企业法人。（　　）

5. 会计的职能是一成不变的。（　　）

6. 会计主体假设为会计核算规定了时间范围。（　　）

7. 货币量度是会计核算的唯一计量尺度。（　　）

8. 在实际工作中，会计核算的 7 种专门方法并不是完全按照固定的顺序进行的，往往可以交叉使用。（　　）

9. 谨慎性就是要求在会计核算中尽量低估企业的资产、负债、收益和费用。（　　）

10. 在我国境内设立的企业，会计核算都必须以人民币为记账本位币。（　　）

11. 凡是特定主体能够以货币表现的经济活动都是会计对象。（　　）

12. 某一会计事项是否具有重要性，很大程度取决于会计人员的职业判断。所以对于同一会计事项，在某一企业具有重要性，在另一企业则不一定具有重要性。（　　）

13. 明确会计主体的作用在于界定不同会计主体会计核算的空间范围。（　　）

14. 会计核算上所使用的一系列会计原则和会计处理方法都是建立在会计主体持续经营前提基础上的。 ( )

15. 我国企业的会计期间按年度划分，以公历年度为一个会计年度，即从每年 1 月 1 日至 12 月 31 日为一个会计年度。这主要是考虑我国的计划年度和财政年度采用的是公历年度并符合一般的会计习惯。 ( )

16. 会计主体是进行会计核算的基本前提之一，一个企业可以根据具体情况确定一个或若干个会计主体。 ( )

17. 实质重于形式原则是企业应当按照交易或事项的经济实质进行会计核算，而不能以其法律形式作为会计核算的依据。 ( )

18. 一个法律主体可能是一个会计主体，也可能包含有几个会计主体。 ( )

五、简答题

1. 会计核算方法的流程是什么？

2. 权责发生制与收付实现制两者有什么区别？

3. 什么是会计核算的基本前提？它们之间有怎样的关系？

4. 什么是真实性原则？

5. 及时性原则体现在会计工作的哪些方面？

六、实训题

1. 宏达公司2016年6月份发生以下几项业务：

（1）销售商品一批，总售价72 000元，款已收讫；该批商品本月购买成本为65 000元，款已付。

（2）预收货款24 000元，款已存入银行，商品将在下月交付。

（3）以银行存款预付下季度仓库租金10 800元。

（4）销售商品一批，总售价84 000元，货物已发出，发票已开具，销货合同约定货款将于下月结算；该批商品本月购买成本为70 000元。

（5）以银行存款支付本月水电费3 000元。

（6）以银行存款支付本年度第二季度短期借款利息12 000元。

（7）当年3月份已预付本年度第二季度的财产保险费6 000元。

要求：分别采用权责发生制和收付实现制计算6月份的净损益。

2. 某企业 3 月份发生以下经济业务：

(1) 销售产品 40 000 元，款已收到并存入银行。

(2) 收到某单位归还上月所欠货款 35 000 元，款已存入银行。

(3) 销售产品 20 000 元，本月末收到货款。

(4) 收到 A 单位预付货款 25 000 元，款已存入银行。

(5) 预付第二季度财产保险费 1 200 元。

(6) 支付本季度借款利息共 3 200 元（1 月份 1 000 元，2 月份 1 050 元）。

(7) 用银行存款支付本月广告费 30 000 元。

要求：分别采用权责发生制和收付实现制计算 3 月份的收入和费用。

第二章　账户与记账方法

一、名词解释

1. 会计等式

2. 会计科目

3. 会计账户

4. 复式记账法

5. 会计分录

二、填空题

1. 会计要素是对__________进行的基本分类，是会计核算对象的具体化。

2. 资产是指______交易、事项形成并由企业拥有或者控制的经济资源，该资源预期会给企业带来经济利益。

3. 资产按其流动性可以分为_______资产和非流动资产两大类。

4. 负债是指_______的交易、事项形成的现时义务，履行该义务预期会导致经济利益流出企业。

5. 负债按其流动性，分为_______负债和非流动负债。

6. 所有者权益是指所有者在企业资产中享有的经济利益，其金额为_______减去负债后的余额。

7. 所有者权益按其构成不同分为实收资本（或股本）、资本公积、__________和未分配利润等。

8. 收入是指企业在销售商品、________及让渡资产使用权等日常经营活动中形成的、会导致所有者权益增加的、与投资者投入资本无关的经济利益的总流入。

9. 费用是指企业在日常活动中发生的、会导致_____________减少的、与向所有者分配利润无关的经济利益的总流出。

10. 利润是指企业各种收入减去成本费用后的余额，是企业在一定会计期间__________的体现，是评价企业业绩的一项重要指标，包括如收入减去费用后的净额、直接计入当期利润的利得和损失等。

11. 从会计角度，计量属性反映的是会计要素金额的确定基础，会计计量属性主要包括____________、重置成本、可变现净值、现值和公允价值。

12. 可变现净值是指在正常生产经营过程中，以________减去进一步加工成本和销售费用以及相关税费后的净值。

13. 现值是指对________________以恰当的折现率进行折现后的价值，是考虑货币时间价值的一种计量属性。

14. 企业资产、负债、所有者权益、收入、费用和利润之间的数量关系存在着一种内在的有机联系，用等式表示为______________________________。

15. 企业设置会计科目，是设置________、进行账务处理的依据，同时也是正确组织会计核算的一个重要条件。

16. 账户是根据__________设置的，具有一定的格式，用于分类反映会计要素增减变动过程及其结果的载体。

17. 按会计要素，可将账户分为资产类账户、负债类账户、所有者权益类账户、______类账户和费用类账户五类。

18. 在会计发展过程中，有两种记账方法，一种是________记账法，另一种是复式记账法。

19. 借贷记账法是指以______和______为记账符号的一种复式记账法。它是以会计平衡式为依据，对每项经济业务都以相等的金额在两个或两个以上相互联系的账户中进行登记的一种记账方法。

20. 借贷记账法的记账规则为：________________，________________。即对于每笔经济业务都要在两个或两个以上相互联系的账户中以借方和贷方相等的金额进行登记。

21. 会计分录是由________方向、会计科目名称及应记金额三要素构成的。

22. 按照所涉及账户的多少，会计分录分为________会计分录和复合会计分录。

三、选择题

1. 下列会计科目中，属于损益类科目的是（　　）。

A. 主营业务成本　　B. 生产成本

C. 制造费用　　D. 其他应收款

2. （　　）不是设置会计科目的原则。

A. 实用性原则　　B. 相关性原则

C. 权责发生制原则　　D. 合法性原则

3. “预付账款”科目按其所归属的会计要素不同，属于（　　）类科目。

A. 资产　　B. 负债　　C. 所有者权益　　D. 成本

4. 下列会计科目中，不属于资产类的是（　　）。

A. 应收账款　　B. 累计折旧　　C. 预收账款　　D. 预付账款

5. 总分类会计科目一般按（　　）进行设置。

A. 企业管理的需要　　B. 统一会计制度的规定

C. 会计核算的需要　　D. 经济业务的种类不同

6. 关于会计科目，下列说法中不正确的是（　　）。

A. 会计科目的设置应该符合国家统一会计准则的规定

B. 会计科目是设置账户的依据

C. 企业不可以自行设置会计科目

D. 账户是会计科目的具体运用

7. 在下列选项中，与“制造费用”属于同一类科目的是（　　）。

A. 固定资产　　B. 其他业务成本

C. 生产成本　　D. 主营业务成本

8. “其他业务成本”科目按其所归属的会计要素不同，属于（　　）类科目。

A. 成本　　B. 资产　　C. 损益　　D. 所有者权益

9. 所设置的会计科目应符合单位自身特点，满足单位实际需要，这一点符合（　　）原则。

A. 实用性　　B. 合法性　　C. 谨慎性　　D. 相关性

10. 下列选项中属于负债类科目的是（　　）。

A. 预付账款　　B. 应交税费

C. 长期股权投资　　D. 实收资本

11. 下列选项中，不属于所有者权益类科目的是（　　）。

A. 实收资本　　B. 资本公积　　C. 盈余公积　　D. 投入资本

12. 下列会计科目中，属于企业损益类的是（　　）。

A. 盈余公积　　B. 固定资产　　C. 制造费用　　D. 财务费用

13. 下列选项中不属于总账科目的是（　　）。

A. 固定资产　　B. 应交税费　　C. 应交增值税　　D. 预付账款

14. 会计科目是对（　　）的具体内容进行分类核算的项目。

A. 经济业务　　B. 会计主体　　C. 会计对象　　D. 会计要素

15. 下列选项中关于试算平衡法描述不正确的是（　　）。

A. 包括发生额试算平衡法和余额试算平衡法

B. 试算不平衡，表明账户记录肯定有错误

C. 试算平衡了，说明账户记录一定正确

D. 理论依据是“有借必有贷、借贷必相等”

16. 对于所有者权益类账户而言（　　）。

A. 增加记借方　　B. 增加记贷方　　C. 减少记贷方　　D. 期末无余额

17. 总分类账户与明细分类账户平行登记四要点中的“依据相同”是指（　　）。

A. 总分类账要根据明细分类账进行登记

B. 明细分类账要根据总分类账进行登记

C. 根据同一会计凭证登记

D. 由同一人员进行登记

18. 资产类账户的期末余额一般在（　　）。

A. 借方　　B. 借方或贷方　　C. 贷方　　D. 借方和贷方

19. 下列账户中，期末结转后无余额的账户是（　　）。

A. 实收资本　　B. 应付账款　　C. 固定资产　　D. 管理费用

20. 符合资产类账户记账规则的是（　　）。

A. 增加额记借方　　B. 增加额记贷方

C. 减少额记借方　　D. 期末无余额

21. 借贷记账法中的“借”表示（　　）。

A. 费用增加　　B. 负债增加

C. 所有者权益增加　　D. 收入增加

22. 债务是指由于过去的交易、事项形成的企业需要以（　　）等偿付的现时义务。

A. 资产或劳务　　B. 资本或劳务　　C. 资产或债权　　D. 收入或劳务

23. 成本是企业为生产产品、提供劳务而发生的各种耗费，是（　　）了的费用。

A. 加总计算　　B. 计算分析　　C. 对象化　　D. 日常核算

24. 企业在一定时期内通过从事生产经营活动而在财务上取得的结果称为（　　）。

A. 经营业绩　　B. 财务成果　　C. 财务状况　　D. 盈利能力

25. 以下应作为债权处理的项目是（　　）。

A. 其他应收款　　B. 预收账款　　C. 应付账款　　D. 应交税费

26. 以下说法正确的是（　　）。

A. 收入是在日常经营活动中形成的、会导致所有者权益增加的、与所有者投入资本无关的经济利益的总流入

B. 经济利益的流入必然是由收入形成的

C. 只有日常经营活动才会产生支出

D. 费用就是成本

27. 账户的余额按照表示的时间不同，分为（　　）。

A. 期初余额

B. 期末余额

C. 本期增加发生额和本期减少发生额

D. 期初余额和期末余额

28. 下列选项中，不属于会计核算具体内容的是（　　）。

A. 有价证券的收付　　B. 财物的使用

C. 制订下年度管理费用开支计划　　D. 资本的增减

29. “盈余公积”科目按其所归属的会计要素不同，属于（　　）类科目。

A. 资产　　B. 负债　　C. 所有者权益　　D. 损益

四、判断题

1. 所有者权益是指企业投资人对企业资产的所有权。（　　）

2. 对于明细科目较多的总账科目，可在总分类科目与明细分类科目之间设置二级或多级科目。（　　）

3. 所有者权益与企业特定的、具体的资产并无直接关系，不与企业任何具体的资产项目发生对应关系。 （　）

4. 企业的利得和损失包括直接计入所有者权益的利得和损失以及直接计入当期利润的利得和损失。 （　）

5. 只要企业拥有某项财产物资的所有权就能将其确认为资产。 （　）

6. 按照我国的会计准则，负债不仅指现时已经存在的债务责任，还包括某些将来可能发生的、偶然事项形成的债务责任。 （　）

7. 设置会计科目的相关性原则是指所设置的会计科目应当符合国家统一的会计制度的规定。 （　）

8. 会计要素中既有反映财务状况的要素，又有反映经营成果的要素。 （　）

9. 会计科目不能记录经济业务的增减变化及结果。 （　）

10. 不违反国家统一会计制度的前提下，明细会计科目可以根据企业内部管理的需要自行制定。 （　）

11. 对于某一项财产，要成为企业的资产，其所有权必须属于企业。 （　）

12. 专利权属于企业的流动资产。 （　）

13. 流动资产是指变现或耗用期限超过一年的一个营业周期内的资产。 （　）

14. 一个企业的资产总额与权益总额有时相等。 （　）

15. 经济业务发生仅涉及资产这一要素时，则必然引起该要素中某些项目发生同减变动。 （　）

16. 一项资产增加，或一项负债增加的经济业务发生后，都会使资产与权益原来的总额发生不等额变动。 （　）

五、简答题

1. 会计要素与会计等式之间有什么关系？

2. 按提供会计信息的详细程度划分，会计科目分为哪几类？

3. 会计科目与会计账户的联系和区别是什么？

4. 简述借贷记账法的记账规则。

六、实训题

1. M公司月初资产总额为100万元，本月发生下列经济业务：

（1）以银行存款购买原材料10万元。

（2）向银行借款60万元，款项存入银行。

（3）以银行存款归还前欠货款30万元。

（4）收回应收账款20万元，款项已存入银行。

要求：计算月末该公司资产总额。

2. 甲公司月末编制的试算平衡表中，全部账户的本月贷方发生额合计为120万元，除银行存款外的本月借方发生额合计为104万元。

要求：计算银行存款账户的金额。

3. 某企业原材料总分类账户的本期借方发生余额为25 000元，贷方发生余额为24 000元，其所属的三个明细分类账中：甲材料本期借方发生额为8 000元，贷方发生额为6 000元；乙材料借方发生额为13 000元，贷方发生额为16 000元。

要求：计算丙材料的本期借贷发生额分别是多少？

4. 某企业期初资产总额 1 200 万元，负债总额 480 万元，所有者权益总额 720 万元。该企业本期发生下列经济业务：

（1）向银行借入短期借款 15 万元，存入银行。

（2）将资本公积 30 万元转增资本。

（3）以银行存款 5 万元预付采购材料货款。

（4）以银行存款归还长期借款 25 万元。

（5）根据销售合同预收 A 公司货款 9 万元，存入银行。

（6）经股东大会批准决定，应向投资者分配现金股利 20 万元。

要求：计算该企业期末资产总额、负债总额和所有者权益总额。

5. 某企业 2015 年 9 月发生下列经济业务：

（1）以银行存款购入一批材料 24 000 元，并已验收入库。

（2）接受外商投入货币资金 50 000 元，存入银行，投入一台价值 100 000 元的机器。

（3）企业向银行借入为期 5 个月的借款 50 000 元，已存入银行。

（4）收到投资者投入资本 800 000 元，存入银行。

（5）公司购材料货款 30 000 元。其中 20 000 元已用银行存款支付，尚欠供货企业 10 000 元。

（6）以存款偿还前欠货款 20 000 元。

（7）以现金 10 000 元支付某企业退出投资款。

（8）以盈余公积 20 000 元转增资本。

（9）A 单位决定将本企业所欠的货款 30 000 元转为投入资本。

（10）向银行借入 30 000 元直接偿还所欠 B 公司货款。

（11）企业决定向投资者分配利润 50 000 元。

要求：根据上述经济业务编制会计分录。

6. 某公司 2015 年 8 月份有关账户的期初余额、本期发生额和期末余额见下表所示：

账户名称	期初余额		本期发生额		期末余额	
	借方	贷方	借方	贷方	借方	贷方
现金	7 200	—	1 200	（　）	4 800	—
银行存款	96 000	—	（　）	75 600	（　）	—
原材料	60 000	—	26 400	（　）	48 000	—
应收账款	（　）	—	（　）	100 800	96 000	—
固定资产	（　）	—	28 800	27 000	120 000	—
实收资本	—	180 000	—	（　）	—	216 000
资本公积	—	48 000	（　）	12 000	—	36 000
短期贷款	—	60 000	（　）	—	—	18 000
应付账款	—	96 000	10 200	（　）	—	165 600
合计	（　）	384 000	（　）	（　）	（　）	（　）

要求：填写上表括号内相关金额。

第三章　基本会计业务处理

一、名词解释

1. 资金筹集

2. 资金运用

3. 资金退出

4. 利润分配

二、填空题

1. 企业筹资可以通过两种渠道来解决：一是__________的筹集，二是所有者的筹集。

2. 实收资本用来核算投资者按____________或合同协议的规定，实际投入企业的资本。

3. 固定资产用来核算企业为生产经营管理而持有的，使用寿命超过________________的有形资产。

4. 无形资产用来核算企业拥有或者控制的________________的可辨认的非货币性资产。

5. 短期借款用来核算企业从银行或其他金融机构借入的偿还期在__________的各种借款。

6. 财务费用用来核算企业为____________而发生的各种费用。

7. 自有资金是投资者投入企业的________，它反映了所有者在企业中享有的权益。目前，投资者可以选择的出资方式主要有货币、实物、知识产权和土地使用权等。

8. 借入资金的出资人是企业的________人，对企业拥有________，有权要求企业按期还本付息。

9. 材料的采购成本＝材料的________＋应负担的采购费用＋相关税费。

10. “应交税费——应交增值税”设了____________、____________和“已交税金”等专栏。

11. 按经济用途分，生产成本一般包括____________、____________和制造费用三个成本项目。

12. 累计折旧用来核算企业的__________在使用过程中累计发生的价值损耗。

13. 库存商品用来核算企业__________的增减变动及结存情况。

14. 主营业务收入用来核算企业销售商品、__________等主营业务所取得的收入。该账户可以按照产品的种类设置明细账户。

15. 其他业务收入用来核算企业除__________以外的其他经营活动实现的收入。

16. 营业税金及附加用来核算企业日常经营活动应负担的税金及附加，主要有消费税、城市维护建设税、__________等。

17. 利润是指企业在一定会计期间的经营成果，是企业在一定会计期间内实现的______减去______后的净额。

18. 营业外收入用来核算与__________无直接关系的各项收入，如盘盈利得、捐赠利得、罚没收入等，它具有________性，属于企业的意外所得。

19. 会计期末，企业应将本期各收益类账户的余额转入__________账户的贷方，将本期各成本费用类账户的余额转入__________账户的借方，从而通过__________账户核算企业本期实现的净利润（或发生的亏损）。

20. 利润分配是用来核算企业实现________的分配（或亏损的弥补），以及历年结存的未分配利润。

三、选择题

1. 利润分配结束后，“利润分配”总分类科目所属的明细分类科目中只有（　　）有余额。

A. 提取盈余公积　　B. 其他转入
C. 应付利润　　D. 未分配利润

2. 下列属于“营业外支出”科目核算内容的是（　　）。

A. 行政管理人员的工资　　B. 各种销售费用
C. 借款的利息　　D. 非常损失

3. 下列项目中，影响营业利润的因素是（　　）。

A. 营业外收入　　B. 所得税费用　　C. 管理费用　　D. 营业外支出

4. 某企业购买材料一批，买价 3 000 元，增值税进项税额为 510 元，运杂费 200 元，开出商业汇票支付，但材料尚未收到，应贷记（　　）科目。

A. 原材料　　B. 材料采购　　C. 银行存款　　D. 应付票据

5. 某一纳税企业购入甲材料 800 千克、乙材料 600 千克，增值税专用发票上注明甲材料的买价为 16 000 元，乙材料的买价为 18 000 元，增值税为 5 780 元。甲、乙材料共同发生运费 4 200 元。企业规定按甲、乙材料的重量比例分配采购费用。则甲材料应负担的运杂费为（　　）元。

A. 2 400　　B. 2 560　　C. 2 240　　D. 2 000

6. 某企业生产车间主任出差归来，报销会议费等差旅费 1 560 元，应借记（　　）科目。

A. 管理费用　　B. 制造费用　　C. 财务费用　　D. 销售费用

7. 某企业为生产车间机器设备计提折旧 5 800 元，应借记（　　）科目。

A. 制造费用　　B. 生产成本　　C. 管理费用　　D. 库存商品

8. 某企业月初甲产品在产品成本为 7 800 元，本月为生产甲产品投入生产费用 18 000 元，月末有在产品成本为 6 200 元，则本月完工入库甲产品成本为（　　）元。

A. 25 800　　B. 18 000　　C. 19 600　　D. 11 800

9. 某企业以银行存款支付产品展览费 5 000 元，应借记（　　）科目。

A. 管理费用　　B. 销售费用　　C. 财务费用　　D. 制造费用

10. 某企业以银行存款支付业务招待费 4 200 元，应借记（　　）科目。

A. 管理费用　　B. 销售费用　　C. 财务费用　　D. 制造费用

11. 当企业不设置“预收账款”科目时，预收货款时应通过（　　）核算。

A. 应收账款的借方　　B. 应收账款的贷方

C. 应付账款的借方　　D. 应付账款的贷方

12. 某企业月末计提短期借款利息 600 元，应借记（　　）科目。

A. 管理费用　　B. 销售费用　　C. 财务费用　　D. 制造费用

13. 下列不应作为其他业务收入核算的是（　　）。

A. 产品销售收入　　B. 材料销售收入

C. 出租无形资产收入　　D. 出租固定资产收入

14. 某企业以银行存款支付合同违约金 4 500 元，应借记（　　）科目。

A. 管理费用　　B. 销售费用

C. 其他业务成本　　D. 营业外支出

15. 某企业收到捐赠款 12 000 元，收存银行，应贷记（　　）科目。

A. 主营业务收入　　B. 其他业务收入

C. 营业外收入　　D. 营业外支出

16. 所有损益类科目期末都应结转至（　　）科目，结转后损益类科目无余额。

A. 利润分配——未分配利润　　B. 本年利润

C. 实收资本　　D. 资本公积

17. 某企业月末计提短期借款利息 600 元，应贷记（　　）科目。

A. 预提费用　　B. 财务费用　　C. 管理费用　　D. 应付利息

18. 某企业支付罚款 1 000 元，应借记（　　）科目。

A. 营业外收入　　B. 营业外支出　　C. 管理费用　　D. 销售费用

19. 厂部李某出差，预借差旅费 6 000 元，应借记（　　）科目。

A. 管理费用　　B. 销售费用　　C. 其他应付款　　D. 其他应收款

20. 企业为生产产品和提供劳务而发生的间接费用应先在“制造费用”科目归集，期末再按一定的标准和方法分配记入（　　）科目。

A. 管理费用　　B. 生产成本　　C. 本年利润　　D. 库存商品

21. 下列票据中，应通过“应收票据”科目核算的是（　　）。

A. 现金支票　　B. 银行汇票　　C. 商业汇票　　D. 银行本票

22. 下列关于“本年利润”科目的表述中不正确的是（　　）。

A. 贷方登记转入的营业收入、营业外收入等金额

B. 借方登记转入的营业成本、营业外支出等金额

C. 年度终了结账后，该科目无余额

D. 全年的任何一个月末都不应有余额

23. 购入需安装的固定资产，其价值应先记入（　　）科目，待安装完毕后再转入“固定资产”科目。

A. 材料采购　　B. 在途物资　　C. 周转材料　　D. 在建工程

24. 固定资产处置后发生的净收益或净损失，应（　　）。

A. 计入当期损益　　B. 减少固定资产账面成本

C. 追加固定资产账面成本　　D. 视具体情况追加或减少固定资产成本

25. 固定资产转入清理时的账面余额应通过（　　）科目核算。

A. 营业外支出　　B. 营业外收入　　C. 固定资产　　D. 固定资产清理

26. 下列应列入其他业务收入核算的是（　　）。

A. 商品销售收入　　B. 材料销售收入

C. 固定资产出售收入　　D. 无形资产出售收入

27. 费用与成本的联系可以用一句话概括，即（　　）。

A. 费用是对象化的成本　　B. 费用就是成本

C. 成本就是费用　　D. 成本是对象化的费用

28. 生产工人的工资应列入生产成本的（　　）项目。

A. 管理费用　　B. 直接材料　　C. 直接人工　　D. 制造费用

29. 下列不属于利润分配内容的是（　　）。

A. 计提法定盈余公积　　B. 计提任意盈余公益金

C. 分配投资者利润　　D. 计提职工住房公积

30. 计提车间管理人员的工资应记入（　　）的贷方。

A. 管理费用　　B. 制造费用

C. 应付职工薪酬　　D. 生产成本

四、判断题

1. 工资分配时，生产工人工资应借记“生产成本”科目，车间管理人员工资应借记“制造费用”科目。（　　）

2. 计提短期借款的利息，应贷记“预付账款”科目。（　　）

3. “本年利润”科目余额如果在借方，则表示自年初至本期末累计发生的亏损。（　　）

4. “长期借款”科目期末余额，表示企业尚未偿还的长期借款的本息。（　　）

5. 职工预借差旅费应借记“管理费用”科目。（　　）

6. 企业长期借款利息和短期借款利息都应记入财务费用。（　　）

7. 购入交易性金融资产发生的交易费用应记入财务费用核算。（　　）

8. 制造费用和管理费用都应当在期末转入“本年利润”账户。（　　）

9. 从银行提取的备用金应记入“其他应收款”科目的借方。（　　）

10. “本年利润”科目和“利润分配”科目年终结账后，余额都为零。（　　）

11. 根据产品完工入库业务编制的会计分录为：借记“库存商品”科目，贷记“原材料”科目。（　　）

12. 购入固定资产业务的会计分录一律应借记“固定资产”科目。 ( )

13. 计提生产产品的机器设备的折旧应借记“生产成本”科目。 ( )

14. 销售人员工资应借记“生产成本”账户，厂部管理人员工资应借记“管理费用”账户。 ( )

15. 在预付账款业务中，预付货款和补付货款编制的会计分录借、贷方科目相同。 ( )

16. 超出企业法定资本额的投入资本应作为资本公积处理。 ( )

17. 通常，制造费用应于期末分配转入各种产品的生产成本。 ( )

18. 计提短期借款的利息，应贷记“待摊费用”账户。 ( )

19. “本年利润”账户的余额如果在借方，则表示自年初至本期末累计发生的亏损。 ( )

20. 借贷记账法下账户的基本结构是：每一个账户的左边均为借方，右边均为贷方。 ( )

五、简答题

1. 企业在资金筹集过程中常用的会计账户有哪些？

2. 企业采购成本由哪些部分组成？

3. 材料采购业务核算通常采用哪些账户？

4. 制造费用的分配方法有哪几种？

5. 简述企业净利润的分配顺序。

六、实训题

1. 购入甲材料 8 000 千克，每千克 2.2 元，乙材料 5 000 千克，每千克 3.2 元，增值税税率 17%，对方代垫运杂费 390 元，款已付，材料未到。

要求：按材料重量分配甲、乙材料应承担的运杂费。

运杂费分配表

材料名称	分配标准	分配率	分配额（元）
甲材料			
乙材料			
合计			

2. 某企业结转本月份实际发生的职工工资如下：

生产 A 产品工人工资　　400 000 元

生产 B 产品工人工资　　300 000 元

车间管理人员工资　　100 000 元

厂部管理人员工资　　60 000 元

本月份发生的职工福利费支出为工资总额的 10%。

要求：计算本月份应付职工薪酬总额。

3. 某企业 2016 年 3 月发生如下材料采购业务：

（1）2 日，购入甲材料 5 000 千克，单价 1 元，增值税税率为 17%，材料未到，货款已开支票支付。

（2）3 日，上述甲材料已运到并验收入库，按实际成本入账。

（3）5 日，购入乙材料 3 000 千克，单价 1.2 元，增值税税率为 17%，对方代垫运杂费 200 元，货款及运杂费通过银行支付，材料验收入库。

（4）8 日，向 W 企业购入甲材料 5 500 千克，单价 1 元，购入乙材料 4 500 千克，单价 1.2 元，增值税税率 17%，货款未付，材料未到。

（5）12 日，8 日购入的甲、乙材料运到并验收入库，按实际成本入账。

（6）13 日，以银行存款支付 8 日购进甲、乙材料所欠的款项。

（7）15 日，购入乙材料 8 000 千克，单价 1.2 元，丙材料 5 000 千克，单价 2 元，增值税税率 17%，款已付，材料未到。

（8）18 日，用银行存款预付供货单位 A 企业购材料款 5 000 元。

（9）28 日，向上述 A 企业购入甲材料 5 000 千克，单价 1 元，增值税税率 17%，对方代垫运杂费 150 元，上述款项扣除 18 日预付款 5 000 元后，其余款项当即以银行存款支付。

（10）28 日，收到 15 日购入的乙材料 8 000 千克，丙材料 5 000 千克，材料验收入库。

要求：根据以上采购业务编制会计分录，并标明必要的明细科目。

4. A 公司 2016 年 3 月份发生下列经济业务：

(1) 6 日，以现金购买厂部用办公用品 500 元。

(2) 10 日，仓库发出材料一批，用途及金额（单位：元）如下：

	甲材料	乙材料	合计
生产 A 产品耗用	35 000		35 000
生产 B 产品耗用	20 000		20 000
车间一般耗用		2 000	2 000
厂部管理部门一般耗用		1 000	1 000
合计	55 000	3 000	58 000

(3) 31 日结转本月职工工资：

生产 A 产品工人工资	200 000 元
生产 B 产品工人工资	150 000 元
车间管理人员工资	50 000 元
厂部管理人员工资	30 000 元
合计	430 000 元

(4) 31 日结算本月实际发生的职工福利费，发生额为工资总额的 10%。

(5) 31 日，计提本月份固定资产折旧 30 000 元，其中车间用固定资产 25 000 元，厂部管理费用 5 000 元。

(6) 31 日，将本月发生的制造费用转入“生产成本”账户，并按照生产工人工资比例在 A、B 两种产品之间分配。

要求：(1) 根据上述业务编制会计分录。

（2）计算制造费用分配表。

制造费用分配表

2016年3月31日

产品名称	生产工人工资（元）	分配率	分配额（元）
A产品			
B产品			
合计			

5. 某公司2014年12月份的部分经济业务资料如下：

（1）将本月实现的“主营业务收入”280 000元和“营业外收入”4 000元结转入“本年利润”账户。

（2）将本月发生的“主营业务成本”100 000元、“营业税金及附加”3 000元、“销售费用”4 500元、“管理费用”24 500元、“财务费用”1 500元和“营业外支出”20 000元结转入“本年利润”账户。

（3）按照税法规定的25%所得税率计算出本月应交所得税并予以结转。

（4）公司全年实现的净利润为1 000 000元，年终将本年实现的净利润转入“利润分配——未分配利润”账户。

（5）公司按照董事会的决议，提取法定盈余公积100 000元。

（6）公司按照董事会的决议，向投资者分配利润200 000元，但尚未支付。

（7）将已分配的净利润转入“利润分配——未分配利润”账户。

要求：根据上述资料，采用借贷记账法编制相关会计分录。

第四章 会计凭证

一、名词解释

1. 原始凭证

2. 记账凭证

二、填空题

1. 会计凭证，简称凭证，是具有一定格式，用以记录经济业务已经发生或________情况、明确经济责任的书面证明。

2. 会计凭证按其填制的程序和用途不同，可分为原始凭证和________凭证两种。

3. 外来原始凭证指在经济业务________时，从其他单位或个人直接取得的原始凭证。

4. 自制原始凭证指由本单位内部经办业务的部门和人员，在执行或完成某项经济业务时填制的、仅供________使用的原始凭证。

5. 原始凭证按照填制手续及内容不同，可分为一次性凭证、累计凭证和____________三种。

6. 原始凭证按照格式不同分为________和专用原始凭证。

7. 对于不真实、不合法的原始凭证，会计机构和会计人员有权__________，并向单位负责人报告。

8. 记账凭证按经济业务的内容分为收款凭证、付款凭证和__________三种。

9. 记账凭证按照填列方式分单式记账凭证和________________两种。

10. 记账凭证按格式和用途不同分为通用记账凭证和________________两种。

三、选择题

1. 仓库保管人员填制的收料单，属于企业的（　　）。

A. 外来原始凭证　　B. 自制原始凭证

C. 汇总原始凭证　　D. 累计原始凭证

2. （　　）是记录经济业务发生或完成情况的书面证明，也是登记账簿的依据。

A. 科目汇总表　　B. 会计凭证　　C. 原始凭证　　D. 记账凭证

3. 会计凭证按其（　　）不同，分为原始凭证和记账凭证。

A. 填制的程序和用途　　B. 填制的手续

C. 来源　　D. 记账凭证

4. 下列各项中，不能作为原始凭证的是（　　）。

A. 发票　　B. 领料单

C. 工资结算汇总表　　D. 银行存款余额调节表

5. 在填制会计凭证时，1 518.53 的大写金额数字应写为（　　）。

A. 壹仟伍佰拾捌元伍角叁分整　　B. 壹仟伍佰壹拾捌元伍角叁分整

C. 壹仟伍佰拾捌元伍角叁分　　D. 壹仟伍佰壹拾捌元伍角叁分

6. 原始凭证金额有错误的，应当（　　）。

A. 在原始凭证上更正

B. 由出具单位更正并且加盖公章

C. 由经办人更正

D. 由出具单位重开，不得在原始凭证上更正

7. 出纳人员在办理收款或付款后，应在（　　）上加盖“收讫”或“付讫”的戳记，以避免重收重付。

A. 记账凭证　　B. 原始凭证　　C. 收款凭证　　D. 付款凭证

8. 下列业务中，应该填制现金收款凭证的是（　　）。

A. 出售产品一批，款未收　　B. 从银行提取现金

C. 出售产品一批，收到一张转账支票　　D. 出售多余材料，收到现金

9. 某会计人员在审核记账凭证时，发现误将 1 000 写成 100 元，尚未入账，一般应采用（　　）改正。

A. 重新编制记账凭证　　B. 红字更正法

C. 补充登记法　　D. 冲账法

10. 记账凭证的填制是由（　　）完成的。

A. 出纳人员　　B. 会计人员　　C. 经办人员　　D. 主管人员

11. 以下不属于原始凭证审核内容的是（　　）。

A. 凭证反映的内容是否真实

B. 凭证各项基本要素是否齐全

C. 会计科目的使用是否正确

D. 凭证是否有填制单位的公章和填制人员的签章

12. 会计凭证的传递是指（　　），在单位内部有关部门及人员之间的传递程序。

A. 会计凭证的填制到登记账簿止

B. 会计凭证的填制或取得时起到归档保管过程中

C. 会计凭证审核后到归档止

D. 会计凭证的填制或取得到汇总登记账簿

13. 一项经济业务所涉及的每个会计科目单独填制一张记账凭证，每一张记账凭证中只登记一个会计科目，这种凭证称为（　　）。

A. 单式记账凭证　　B. 专用记账凭证

C. 通用记账凭证　　D. 一次凭证

14. 企业出售产品一批，售价 5 000 元，收到一张转账支票送存银行。这笔业务应编制

的记账凭证为（　　）。

A. 收款凭证　　B. 付款凭证　　C. 转账凭证　　D. 以上均可

15. 在一定时期内连续记录若干项同类经济业务的会计凭证是（　　）。

A. 原始凭证　　B. 累计凭证　　C. 记账凭证　　D. 一次凭证

16. 以下凭证中，属于外来原始凭证的是（　　）。

A. 入库单　　B. 出库单　　C. 购货发票　　D. 领料汇总表

17. 下列各项中，不属于原始凭证基本内容的是（　　）。

A. 填制原始凭证的日期　　B. 经济业务内容

C. 会计人员记账标记　　D. 原始凭证附件

18. 审核原始凭证所记录的经济业务是否符合企业生产经营活动的需要，是否符合有关的计划和预算，属于（　　）审核。

A. 合理性　　B. 合法性　　C. 真实性　　D. 完整性

19. 根据一定时期内反映相同经济业务的多张原始凭证，按一定标准综合后一并填制完成的原始凭证是（　　）。

A. 累计凭证　　B. 一次凭证　　C. 汇总凭证　　D. 记账凭证

20. 会计机构和会计人员对真实、合法、合理但内容不准确、不完整的原始凭证，应当（　　）。

A. 不予受理　　B. 予以受理

C. 予以纠正　　D. 予以退回，要求更正、补充

21. 下列单据中，属于原始凭证的是（　　）。

A. 收料单　　B. 销售合同　　C. 生产计划　　D. 委托加工协议

22. 收款凭证左上角“借方科目”应填列的会计科目是（　　）。

A. 银行存款　　B. 库存现金

C. 主营业务收入　　D. 银行存款或库存现金

23. 下列记账凭证中，可以不附原始凭证的是（　　）。

A. 所有收款凭证　　B. 所有付款凭证

C. 所有转账凭证　　D. 用于结账的记账凭证

24. 对于“企业赊购一批原材料，已经验收入库”的经济业务，应当编制（　　）。

A. 收款凭证　　B. 付款凭证

C. 转账凭证　　D. 付款凭证或转账凭证

25. 下列会计凭证中，只需反映价值量的是（　　）。

A. 材料入库单　　B. 实存账存对比表

C. 工资分配汇总表　　D. 限额领料单

26. 付款凭证科目借贷对应方式正确的是（　　）。

A. 多借多贷　　B. 多贷一借　　C. 多借一贷　　D. 以上全都正确

27. 某公司于 2003 年 10 月 12 日开出一张现金支票，下列出票日期正确是（　　）。

A. 贰零零叁年壹拾月拾贰日　　B. 贰零零叁年壹拾月壹拾贰日

C. 贰零零叁年拾月壹拾贰日　　D. 贰零零叁年零拾月壹拾贰日

28. 下列各项中，（　　）不属于记账凭证的基本要素。

A. 交易或事项的内容摘要　　B. 交易或事项的数量、单价和金额

C. 应记会计科目、方向及金额　　D. 凭证附件

29. 下列记账凭证中，不能据以登记现金日记账的是（　　）。

A. 银行存款收款凭证　　B. 银行存款付款凭证

C. 现金收款凭证　　D. 现金付款凭证

四、判断题

1. 填制原始凭证，汉字大写金额数字一律用正楷或行书书写，汉字到元位或角位为止的，后面必须写“正”或“整”，分位后面不写“正”或“整”。（　　）

2. 填制会计凭证，所有以元为单位的阿拉伯数字，除单价等情况，一律填写到角分；有角无分的，分位应当写“0”或用符号“—”代替。（　　）

3. 审核无误的原始凭证是登记账簿的直接依据。（　　）

4. 由于自制原始凭证的名称、用途、内容、格式不同，因而不需要对其真实性、合法性进行审核。（　　）

5. 会计凭证按其取得的来源不同，可以分为原始凭证和记账凭证。（　　）

6. 现金存入银行时，为避免重复记账只编制银行存款收款凭证，不编制现金付款凭证。（　　）

7. 对于数量过多的原始凭证，可以单独装订保管，但应在记账凭证上注明“附件另订”。（　　）

8. 在填制记账凭证时，对于总账科目，可只填科目编号，不填科目名称。（　　）

9. 记账人员根据记账凭证记账后，在“记账符号”栏内作“√”记号，表示该笔金额已记入有关账户，以免漏记或重记。（　　）

10. 发料凭证汇总表是一种汇总记账凭证。（　　）

11. 从外单位取得的原始凭证遗失时，必须取得原签发单位盖有公章的证明，并注明原始凭证的号码、金额、内容等，由经办单位会计机构负责人、会计主管人员核签章后，才能代作原始凭证。（　　）

12. 记账凭证可以根据若干张原始凭证汇总编制。（　　）

13. 企业的各种会计凭证都不得涂改、刮擦和变造，如果发生错误，应采用划线更正法予以更正。（　　）

14. 记账凭证既是记录经济业务发生和完成情况的书面证明，也是登记账簿的依据。（　　）

15. 会计凭证上填写的“人民币”字样或符号“¥”与汉字大写金额数字或阿拉伯金额数字之间应留有空白。（　　）

16. 转账支票大小写金额或收款人姓名填错，如有更改，须在更改处加盖预留银行印鉴章。（　　）

17. 转账凭证只登记与货币资金收付无关的经济业务。（　　）

18. 发票、购货合同、收据等都是原始凭证。（　　）

19. 从外部取得的原始凭证，必须盖有填制单位的公章；从个人取得的原始凭证，不需签名盖章。（　　）

20. 各种凭证不得随意涂改、刮擦、挖补，若填写有误，应用红字更正法予以更正。（　）

21. 如果原始凭证已预先印定编号，在写坏作废时，应加盖“作废”戳记，并妥善保管，不得撕毁。（　）

22. 为了简化工作手续，可以将不同内容和类别的原始凭证汇总，填制在一张记账凭证上。（　）

23. 在编制记账凭证时，原始凭证就是记账凭证的附件。（　）

五、简答题

1. 简述会计凭证的意义。

2. 填制原始凭证有哪些要求？

3. 对原始凭证审核结果如何处理？

4. 记账凭证的内容包括哪些要素？

六、实训题

1. 根据以下数字写出大写金额及根据大写金额写出小写数字。

（1）￥427.84

（2）￥80 010.60

（3）￥3 905.00

（4）￥19.46

（5）￥3 605.08

（6）人民币陆佰零伍元捌角整

2. 某公司的开户银行为中国建设银行南京营业部，账号为 2000436，

（1）2015 年 10 月 20 日支付货款￥103 208.60 元给 XYZ 公司，其开户银行为工商银行锁金村分理处，账号为 568947565。

（2）2015 年 10 月 21 日，该公司收到 KL 公司支票一张，金额为 30 200 元（支票中列明中行城交分理处，账号为 783400022，支票号为 03400789）。

（3）张三 2015 年 3 月 15 日出差，预借差旅费 4 000 元。

（4）2015 年 4 月 20 日，一车间小王从仓库领用编号为 10020 的甲材料 200 千克用于生产 A 产品。

要求：（1）该公司的出纳员填写下列转账支票。

中国建设银行

转账支票存根

$\frac{EF}{02}$03687426

附加信息 __________

出票日期：　年　月　日

收款人：
金　额：
用　途：

单位主管　　会计

付款期限自出票之日起十天

中国建设银行　转账支票（苏）$\frac{EF}{02}$03687426

出票日期（大写）　年　月　日　　付款行名称：

收款人　　出票人账号：

人民币（大写）		亿	千	百	十	万	千	百	十	元	角	分

用途 __________　　密码 __________

上列款项请从　　行号 __________

我账户内支付

出票人签章　　复核　　记账

（2）填写进账单。

中国建设银进账单（回单）

年　　月　　日

<table>
<tr><td rowspan="3">出票人</td><td>全称</td><td colspan="2"></td><td rowspan="3">收款人</td><td>全称</td><td colspan="11"></td></tr>
<tr><td>账号</td><td colspan="2"></td><td>账号</td><td colspan="11"></td></tr>
<tr><td>开户银行</td><td colspan="2"></td><td>开户银行</td><td colspan="11"></td></tr>
<tr><td rowspan="2">金额</td><td colspan="5" rowspan="2">人民币
（大写）</td><td>亿</td><td>千</td><td>百</td><td>十</td><td>万</td><td>千</td><td>百</td><td>十</td><td>元</td><td>角</td><td>分</td></tr>
<tr><td></td><td></td><td></td><td></td><td></td><td></td><td></td><td></td><td></td><td></td><td></td></tr>
<tr><td colspan="2">票据种类</td><td></td><td>票据张数</td><td colspan="2"></td><td colspan="11" rowspan="3">开户银行签章</td></tr>
<tr><td colspan="2">票据号码</td><td colspan="4"></td></tr>
<tr><td colspan="6">复核　　　　记账</td></tr>
</table>

（3）为张三填一张借款单。

借款申请

年　　月　　日

借款人			
用途			
金额（大写）			¥
还款计划	年　　月　　日		
领导指示		借款人盖章	

（4）为小王填一张领料单。

领　料　单

领用部门：

用途：　　　　　　　　　　年　　月　　日　　　　　　　　编号：

材料编号	名称	规格	计量单位	请领数量	实发数量	单位成本	金额	备注

供应部门负责人：　　　　审批人：　　　　领料人：小王　　　　发料人：

3. 某企业 3 月份发生以下经济业务：

（1）2016 年 3 月 1 日，收到北方公司投入的 50 000 元存入银行。3 月 2 日根据两张有关原始凭证编制记账凭证。

（2）2016 年 3 月 8 日，从银行提取现金 20 000 元准备发放工资。当日根据现金支票存根编制记账凭证。

（3）2016 年 3 月 18 日，用商业承兑汇票购入机器设备一台，价款 100 000 元，增值税 17 000 元，机器设备已交付车间使用（附件 3 张）。

要求：以会计王丽的名义编制记账凭证，各类凭证编号从 1 号开始。

收款凭证

年　　月　　日　　　　　　　　附件　　　张

借方科目：　　　　　　　　　　　　　　　收字　　　号

摘要	会计科目		金额									记账
	总账科目	明细科目	百	十	万	千	百	十	元	角	分	
合计												

会计主管：　　　　记账：　　　　复核：　　　　出纳：

付款凭证

年　　月　　日　　　　　　　　附件　　　张

贷方科目：　　　　　　　　　　　　　　　付字　　　号

摘要	会计科目		金额									记账
	总账科目	明细科目	百	十	万	千	百	十	元	角	分	
合计												

会计主管：　　　　记账：　　　　复核：　　　　出纳：

转账凭证

2016 年 3 月 18 日　　　　　　　　附件 3 张

转字 1 号

摘要	会计科目		借方金额									贷方金额									记账
	总账科目	明细科目	百	十	万	千	百	十	元	角	分	百	十	万	千	百	十	元	角	分	
购设备	固定资产																				
开出商业汇票	应付票据																				
合计																					

会计主管：　　　　记账：　　　　复核：　　　　制单：王丽

第五章　会计账簿

一、名词解释

1. 会计账簿

2. 红字更正法

3. 平行登记法

二、填空题

1. 会计账簿是指由一定格式的________组成的，以经过审核的会计凭证为依据，全面、系统、连续地记录各项经济业务的簿籍。

2. 会计账簿按用途分类，可分为序时账、__________和__________。

3. 会计账簿按外形特征分类，可分为订本式账簿、活页式账簿和__________账簿。

4. 会计账簿按账页格式分类，可分为两栏式账簿、________式账簿、多栏式账簿和数量金额式账簿。

5. 尽管账簿记录的经济业务不同，其格式也多种多样，但它们一般都应具备封面、扉页和________等基本内容。

6. 总分类账简称总账，是按照总分类科目设置的，用于分类、连续地记录和反映企业经济活动的总括情况的账簿，通常为三栏式和________式账簿。

7. 明细账是________的明细记录，也是总分类账的辅助账。

8. 库存现金日记账由________根据审核后的记录库存现金收付业务的凭证，按业务发生的时间先后逐日逐笔顺序登记。

9. 每日终了库存现金收入和支出都要加计合计数，结出余额，并与实际每日终了库存现金收入和支出的合计数及余额相核对，做到____________。

10. 银行存款日记账的登记方法与库存现金日记账基本相同。一般地，也是由________根据审核后的记录银行存款收付业务的凭证，逐日逐笔地登记。

11. ________分类账可以直接根据各种记账凭证逐笔进行登记，也可以将各种记账凭证先汇总编制汇总记账凭证或科目汇总表，再据以登记________分类账。

12. 平行登记，是指经济业务发生后，根据会计凭证在登记总分类账的同时，也要登记总分类账户________的有关明细分类账户，且二者的记账依据、期间、借贷方向和金额完全一致。

13. 企业要建立定期的对账制度，在结账前和结账过程中，将账簿记录的数字核对清楚，做到________相符、________相符、________相符和账款相符。

14. 结账就是在把一定时期内发生的经济业务全部登记入账的基础上，将各种账簿记录结出________________和“期末余额”，然后编制会计报表。

15. 记账错误，主要表现为________、重记和错记三种。

16. 查找错误的方法有很多，按清查范围分为____________和____________。

17. 在结账前，如果发现账簿记录有错误，而记账凭证并无错误，只是过账时不慎，纯属账簿记录中的文字或数字的笔误，应采用________更正法予以更正。

18. 记账以后，发现记账凭证中应借应贷符号、科目有错误时，可采用________更正法更正。

19. 记账以后，发现记账凭证上应借应贷的会计科目正确，但所填金额小于正确金额，可采用________法更正。

三、选择题

1. 下列明细分类账中，可以采用数量金额式明细分类的是（　　）明细账。

A. 应收账款　　B. 应付账款　　C. 原材料　　D. 财务费用

2. 填制记账凭证时无误，根据记账凭证登记账簿时，将 10 000 元误记为 1 000 元，已登记入账，更正时应采用（　　）。

A. 划线更正法　　B. 红字更正法　　C. 补充登记法　　D. 更换账页法

3. 下列明细分类账中，一般不宜采用三栏式账页格式的是（　　）明细账。

A. 应收账款　　B. 应付账款　　C. 实收资本　　D. 原材料

4. 根据记账凭证登账，误将 100 元记为 1 000 元，应采用（　　）进行更正。

A. 红字更正法　　B. 补充登记法　　C. 划线更正法　　D. 平行登记法

5. 下列说法正确的是（　　）。

A. 企业应收应付账款明细账应采用发函询证进行核对

B. 固定资产总账应与日记账核对

C. 红色墨水只能用于更正错账

D. 账簿记录正确说明所反映的经济业务属实

6. 会计分录中错用了会计科目并已登记入账，运用下列（　　），肯定可以查找出这一错误。

A. 顺查法　　B. 抽查法　　C. 差额除二法　　D. 差额除九法

7. 企业临时租入的固定资产应（　　）。

A. 在总分类账簿中登记　　B. 在明细分类账簿中登记

C. 在备查账簿中登记　　D. 无须在账簿中做任何登记

8. 在登记账簿过程中，每一账页的最后一行及下一页第一行都要办理转页手续，是为了（　　）。

A. 便于查账　　B. 防止遗漏

C. 防止隔页　　D. 保持记录的连续性

9. 库存商品明细账一般都采用（　　）账簿。

A. 订本　　B. 三栏式　　C. 分类　　D. 数量金额式

10. 下列明细分类账中，适用于登记材料采购业务的是（　　）明细分类账。

A. 三栏式　　B. 多栏式　　C. 数量金额式　　D. 横线登记式

11. 企业接受委托加工物资或委托代销商品应（　　）。

A. 在总分类账簿中登记　　B. 在明细分类账簿中登记

C. 在备查账簿中登记　　D. 无须在账簿中做任何登记

12. 账簿登记完毕，在记账凭证的“记账”栏作出标记，主要是为了（　　）。

A. 便于明确记账责任　　B. 避免错行或隔页

C. 避免重记或漏记　　D. 避免凭证丢失

13. 下列不属于账账核对的是（　　）。

A. 明细分类账簿之间的核对

B. 总分类账簿与所属明细分类账簿之间的核对

C. 总分类账簿与序时账簿之间的核对

D. 会计账簿与原始凭证之间的核对

14. 日记账簿一般采用（　　）形式。

A. 订本账　　B. 活页账　　C. 卡片账　　D. 横线登记式账

15.（　　）是会计核算的中心环节。

A. 填制和审核会计凭证　　B. 进行成本计算

C. 设置和登记账簿　　D. 编制财务会计报告

16. 卡片账一般在（　　）时采用。

A. 固定资产总分类核算　　B. 固定资产明细分类核算

C. 原材料总分类核算　　D. 原材料明细分类核算

17. 现金日记账和银行存款日记账，应由（　　）进行登记。

A. 会计人员　　B. 会计主管人员

C. 出纳人员　　D. 临时指定人员

四、判断题

1. 登记各种账簿的直接依据只能是记账凭证。（　　）

2. 企业应收应付款明细账与对方单位账户记录核对属于账账核对。（　　）

3. 所有账簿，每年必须更换新账。（　　）

4. 除结账和更正错账外，一律不得用红色墨水登记账簿。（　　）

5. 按照平行登记中同期登记的要求，每项经济业务必须在记入总分类账户的当天记入所属的明细分类账户。（　　）

6. 总分类账一般采用订本账，明细分类账一般采用活页账。（　　）

7. 在会计核算中，一般应通过财产清查进行账实核对。（　　）

8. 如果在结账前发现账簿记录有文字或数字错误，而记账凭证没有错误，则可采用划线更正法，也可采用红字更正法。（　　）

9. 账簿记录正确并不一定保证账实相符。 （ ）

10. 在借贷记账法中，全部总分类账户的借方发生额合计数等于全部明细分类账户的借方发生额合计数。 （ ）

11. 如果记账凭证中使用的会计科目名称正确，金额有误，但已登记入账，对此类错误的更正方法是：将正确的数字与错误的数字之间的差额，另编制一张记账凭证，调增金额用蓝字，调减金额用红字。 （ ）

12. 费用明细账一般采用三栏式账簿。 （ ）

13. 总分类账和明细分类账登记的经济业务内容是相同的，只是在详细层次上不一样而已。 （ ）

14. 备查账簿不必每年更换新账，可以连续使用。 （ ）

15. 红字更正法适用于记账凭证所记金额大于应记金额，从而引起的记账错误。（ ）

16. 为了及时编制会计报表，企业单位均可以提前结账。 （ ）

17. 库存商品明细账一般都采用多栏式账簿。 （ ）

18. 各类账簿都必须直接根据记账凭证登记。 （ ）

19. 无论是红字更正法还是补充登记法，都是针对凭证正确、账簿有错的情况采取的错账更正法。 （ ）

20. 对账就是账簿记录之间的核对。 （ ）

五、简答题

1. 简述账簿的主要作用。

2. 简述库存现金日记账的登记方法。

3. 简述对账的主要内容。

4. 简述错账更正的主要方法及使用范围。

六、实训题

1. 某工业企业 2015 年 12 月 31 日资产总额为 756 186 元（其中银行存款 45 460 元），负债总额为 175 000 元，所有者权益总额为 581 186 元。2016 年 1 月 1 日至 5 日发生以下经济业务：

（1）1 日，开出转账支票一张，支付上月所欠购料款 15 600 元（支票号码 411）。

（2）1 日，预收大华公司货款 5 668 元，款项已存入银行。

（3）1 日，开出现金支票一张（支票号码 256），提取现金 1 200 元。

（4）2 日，以现金 350 元支付购买材料的运杂费。

（5）5 日，收到红光公司投入货币资金 100 000 元，款存入银行。

（6）5 日，开出转账支票一张，交纳上月应交税金 950 元（支票号码 412）。

要求：

（1）分别计算该公司 1 月 5 日的资产、负债和所有者权益总额（列示计算过程）。

（2）根据所给资料，登记银行存款日记账。

银行存款日记账

2016 年		凭证		摘要	对方科目	借方	贷方	余额
月	日	种类	编号					

2. 某企业会计人员在结账前进行对账时，发现下列错账：

（1）职工预借差旅费 5 000 元，编制的会计分录为：

借：管理费用　　　　5 000

　贷：库存现金　　　　5 000

（2）计提管理用固定资产的折旧 10 000 元，编制的分录为：

借：管理费用　　　　1 000

　贷：累计折旧　　　　1 000

（3）生产领用材料 6 000 元，编制的分录为：

借：生产成本　　　　60 000

　贷：原材料　　　　60 000

（4）购买办公用品 500 元，编制的分录为：

借：管理费用　　　　500

　贷：库存现金　　　　500

但是登记账簿时，误将“管理费用”账户登记为 50 元。

要求：

（1）指出上述错账应采用何种更正办法。

（2）编制错账更正的分录。

3. 某企业 2015 年 4 月份部分经济业务及核算中发生的错误如下（所有会计凭证均已登账）：

（1）8 日，以银行存款支付物资公司购材料款 8 700 元，做银行 103 号付款记账凭证如下：

借：材料采购　　　　7 800

　贷：银行存款　　　　7 800

（2）19 日，管理部门领用甲材料 300 元，作一般耗用，填制 80 号转账凭证时，会计分录如下：

借：生产成本　　　　300

　贷：原材料　　　　300

（3）23 日，购入机器一台，价值 7 100 元，货款已付，编制 120 号付款凭证，会计分录如下：

借：固定资产　　　　7 100

　贷：银行存款　　　　7 100

要求：

（1）根据以上资料的错误，说明应选用何种错账更正方法。

（2）按规定的错账更正方法进行更正。

第六章　账务处理程序

一、名词解释

1. 账务处理程序

2. 记账凭证账务处理程序

3. 科目汇总表账务处理程序

二、填空题

1. 账簿凭证组织是指凭证、________的种类、格式以及凭证与账簿之间、各种账簿之间的关系。

2. 记账程序和方法是指____________的填制、传递，账簿的登记以及根据账簿编制会计报表的循环过程和专门方法。

3. 我国各经济单位通常采用的主要账务处理程序有____________账务处理程序、科目汇总表账务处理程序和汇总记账凭证账务处理程序等。

4. 记账凭证账务处理程序是直接根据____________登记总账的一种最基本的账务处理程序。

5. ____________是账务处理程序中最基本的一种账务处理程序。

6. 记账凭证账务处理程序一般适用于规模小、____________、记账凭证不多的小型企业、行政事业单位。

7. 科目汇总表账务处理程序是根据一定会计期间的全部记账凭证，按照相同的会计科目归类汇总编制科目汇总表，以____________登记总分类账的一种运用较为广泛的账务处理程序。

8. 科目汇总表可以每月汇总一次编制一张，也可以 5 天或者________天汇总一次，每月编制一张。

9. 编制科目汇总表还可以对会计科目的借方和贷方发生额进行____________，从而保证了会计核算资料的准确性、可靠性和真实性。

10. 科目汇总表账务处理程序一般适用于________较大、________较多、记账凭证较多的企业或者单位。

11. 汇总记账凭证账务处理程序是定期将所有记账凭证汇总编制成汇总记账凭证，然后再根据________________登记总分类账的一种账务处理程序。

12. 汇总记账凭证账务处理程序一般适用于______较大、记账凭证较多的企业或单位。

三、选择题

1. 各种会计核算程序的主要区别在于（　　）。

A. 登记明细分类账的依据不同　　B. 登记总分类账的依据不同

C. 凭证组织不同　　D. 账簿组织不同

2. 会计报表是根据（　　）资料编制的。

A. 日记账、总账和明细账　　B. 日记账和明细分类账

C. 明细账和总分类账　　D. 日记账和总分类账

3. 直接根据记账凭证逐笔登记总分类账的账务处理程序是（　　）账务处理程序。

A. 记账凭证　　B. 汇总记账凭证

C. 科目汇总表　　D. 日记账

4. 下列属于汇总记账凭证账务处理程序优点的是（　　）。

A. 便于进行分工核算　　B. 总分类账户反映较详细

C. 简化了编制凭证的工作量　　D. 便于了解账户间的对应关系

5. 记账凭证账务处理程序的特点是根据记账凭证逐笔登记（　　）。

A. 日记账　　B. 明细分类账

C. 总分类账　　D. 总分类账和明细分类账

6. 编制科目汇总表的直接依据是（　　）。

A. 原始凭证　　B. 汇总原始凭证　　C. 记账凭证　　D. 汇总记账凭证

7. 以下选项中，属于科目汇总表账务处理程序缺点的是（　　）。

A. 增加了会计核算的账务处理程序　　B. 增加了登记总分类账的工作量

C. 不便于检查核对账目　　D. 不便于进行试算平衡

8. 下列选项中，属于记账凭证账务处理程序优点的是（　　）。

A. 总分类账反映较详细　　B. 减轻了登记总分类账的工作量

C. 有利于会计核算的日常分工　　D. 便于核对账目和进行试算平衡

9. 下列选项中，属于科目汇总表账务处理程序优点的是（　　）。

A. 便于反映各分类账户的对应关系　　B. 便于检查核对账目

C. 便于进行试算平衡　　D. 便于进行分工核算

10. 汇总记账凭证账务处理程序的使用范围是（　　）。

A. 规模较小、业务较少的单位　　B. 规模较小、业务较多的单位

C. 规模较大、业务较多的单位　　D. 规模较大、业务较少的单位

11. 汇总记账凭证是依据（　　）编制的。

A. 记账凭证　　B. 原始凭证

C. 原始凭证汇总表　　D. 各种总账

12. 关于汇总记账凭证会计核算程序，下列说法正确的是（　　）。

A. 汇总付款凭证按现金、银行存款账户的借方设置，并按其对应的贷方账户归类

汇总

B. 汇总收款凭证按现金、银行存款账户的借方设置，并按其对应的借方账户归类汇总

C. 能反映账户之间的对应关系

D. 能起到试算平衡的作用

13. 关于汇总记账凭证账务处理程序，下列说法中错误的是（　　）。

A. 根据记账凭证定期编制汇总记账凭证

B. 根据原始凭证或汇总原始凭证登记总账

C. 根据汇总记账凭证登记总账

D. 汇总转账凭证应当按照每一账户的贷方分别设置，并按其对应的借方账户归类汇总

14. 关于科目汇总表账务处理程序，下列说法中正确的是（　　）。

A. 登记总账的直接依据是记账凭证

B. 登记总账的直接依据是科目汇总表

C. 编制会计报表的直接依据是科目汇总表

D. 与记账凭证会计核算程序相比较，增加了一道编制汇总记账凭证的程序

15. 根据科目汇总表登记总账，在简化登记总账工作的同时也起到了（　　）的作用。

A. 简化报表的编制　　B. 反映账户对应关系

C. 简化明细账　　D. 发生额试算平衡

16. 下列选项中属于记账凭证核算程序主要缺点的是（　　）。

A. 不能体现账户的对应关系　　B. 不便于会计合理分工

C. 方法不易掌握　　D. 登记总账的工作量较大

17. 平时在填制记账凭证时，应尽量使账户的对应关系保持“一借一贷”是（　　）核算形式的要求。

A. 记账凭证　　B. 科目汇总表

C. 汇总记账凭证　　D. 多栏式日记账

18. 设计账务处理程序是（　　）设计的一项重要内容。

A. 会计凭证　　B. 会计制度　　C. 会计账簿　　D. 会计报表

19. 适用于规模较小、业务量不多单位的账务处理程序是（　　）账务处理程序。

A. 记账凭证　　B. 科目汇总

C. 汇总记账凭证　　D. 多栏式日记账

20. 汇总记账凭证账务处理程序与科目汇总表账务处理程序的相同点是（　　）。

A. 登记总账的依据相同　　B. 记账凭证的汇总方法相同

C. 保持了账户间的对应关系　　D. 简化了登记总分类账的工作量

四、判断题

1. 会计核算程序就是指记账程序。（　　）

2. 记账凭证账务处理程序的主要特点就是直接根据各种记账凭证登记总账。（　　）

3. 汇总记账凭证账务处理程序适合规模小、业务量少的单位。（　　）

4. 汇总记账凭证账务处理程序既能保持账户的对应关系，又能减轻登记总分类账的工作量。 （　　）

5. 不同的凭证、账簿组织以及与之相适应的记账程序和方法相结合，构成不同的账务处理程序。 （　　）

6. 科目汇总账务处理程序能科学地反映账户的对应关系，且便于账目核对。 （　　）

7. 科目汇总表账务处理程序的主要特点是根据记账凭证编制科目汇总表，并根据科目汇总表填制报表。 （　　）

8. 汇总记账凭证既能够反映各账户之间的对应关系，又能对一定期间所有账户的发生额进行试算平衡。 （　　）

9. 采用科目汇总表核算程序，总账、明细账和日记账都应根据科目汇总表登记。 （　　）

10. 汇总记账凭证账务处理程序就是将各种原始凭证汇总后填制记账凭证，据以登记总账的账务处理程序。 （　　）

11. 各种账务处理程序的主要区别在于登记总账的依据不同。 （　　）

12. 在科目汇总表和总账中，不反映科目对应关系，因而不便于分析经济业务的来龙去脉，不便于查对账目。 （　　）

13. 记账凭证是登记各种账簿的唯一依据。 （　　）

14. 汇总转账凭证按库存现金、银行存款账户的借方设置，并按其对应的贷方账户归类汇总。 （　　）

15. 记账凭证账务处理程序一般适用于规模小、业务复杂、凭证较多的单位。 （　　）

16. 各个企业的业务性质、组织规模、管理上的要求不同，企业应根据自身的特点，制定出恰当的会计账务处理程序。 （　　）

17. 科目汇总表核算形式与汇总记账凭证核算形式的适用范围是完全相同的。 （　　）

18. 在编制科目汇总表时，为了便于科目归类汇总，要求所有记账凭证中的科目对应关系只能是一个借方科目与一个贷方科目相对应。 （　　）

19. 企业不论采用哪种会计核算形式，都必须设置日记账、总分类账和明细分类账。 （　　）

20. 由于各企业的业务性质、规模大小、业务繁简有所不同，所以采用的会计记账程序也有所不同。 （　　）

21. 各种记账程序相同之处在于其基本模式不变。 （　　）

五、简答题

1. 简述良好账务处理程序的作用。

2. 简述账务处理程序的要求。

3. 简述不同账务处理程序之间的相同和不同之处。

六、实训题

某企业 2015 年 6 月份 1—10 日发生下列经济业务：

（1）1 日，从银行提取现金 1 000 元备用。

（2）2 日，华丰厂购进材料一批，已验收入库，货款 5 000 元，增值税进项税 850 元，款项尚未支付。

（3）2 日，销售给向阳工厂 A 产品一批，货款为 10 000 元，增值税销项税 1 700 元，款项尚未收到。

（4）3 日，厂部的王凌出差，借支差旅费 500 元，以现金付讫。

（5）4 日，车间领用甲材料一批，其中用于 A 产品生产 3 000 元，用于车间一般消耗 500 元。

（6）5 日，销售给华远公司 A 产品一批，货款为 20 000 元，增值税销项税 3 400 元，款项尚未收到。

（7）5 日从江南公司购进乙材料一批，货款 8 000 元，增值税进项税 1 360 元，款项尚未支付。

（8）6 日，厂部李青出差，借支差旅费 400 元，用现金付讫。

（9）7 日，以银行存款 5 850 元，偿还前欠华丰工厂的购料款。

（10）8 日，从银行提出现金 1 000 元备用。

（11）8 日，接银行通知，向阳厂汇来前欠货款 11 700 元，已收妥入账。

（12）8 日，车间领用乙材料一批，其中用于 A 产品 5 000 元，用于车间一般消耗 1 000 元。

（13）9 日，以银行存款 9 360 元，偿还前欠江南公司购料款。

（14）10 日，接银行通知，华远公司汇来前欠货款 23 400 元，已收妥入账。

要求：

（1）根据以上经济业务编制会计分录。

（2）根据所编会计分录编制科目汇总表。

科目汇总表

2015 年 6 月 1—10 日

会计科目	借方金额	贷方金额
合计		

第七章 财产清查

一、名词解释

1. 财产清查

2. 永续盘存制

3. 实地盘点法

二、填空题

1. 财产清查按其清查范围的不同，可分为________清查和局部清查。
2. 财产清查按其清查时间的不同，可分为________清查和不定期清查。
3. 财产清查按其清查执行单位的不同，可分为________清查和内部清查。
4. 财产物资的盘存制度有两种，即____________和实地盘存制。
5. 库存现金的清查是通过__________的方法进行的，首先确定库存现金的实存数，再与现金日记账的账面结存金额进行核对，以查明账实是否相符。
6. 现金盘点后，应根据盘点的结果及与现金日记账核对的情况，填制______________。
7. 即使双方记账均无错误，也会出现企业银行存款日记账余额与银行对账单余额不一致的情况，这是因为存在____________。
8. 对于未达账项可编制________________调节表。该调节表的编制主要采用余额调节法进行。
9. 往来款项的清查一般采用__________的方法进行核对。
10. 财产清查的结果通常有三种情况：①账存数与实存数相符；②账存数________实存数，财产物资发生短缺，出现盘亏；③账存数小于实存数，财产物资发生溢余，出现盘盈。
11. 应付购货款项，如确实无法交付，可按制度，经批准后直接转为当期损益，在____________账户核算。

三、选择题

1. 对盘亏的固定资产净损失经批准后可计入（　　）账户的借方。

A. 制造费用　　B. 生产成本　　C. 营业外支出　　D. 管理费用

2. 银行对账单余额为 48 000 元，银行已收、企业未收的款项为 3 000 元，企业已收、银行未收款项为 4 200 元，企业已付、银行未付款项为 3 200 元，则调整后存款余额为（　　）元。

A. 49 000　　B. 46 000　　C. 47 000　　D. 51 000

3. 在实际工作中，企业一般以（　　）作为财产物资的盘存制度。

A. 收付实现制　　B. 权债发生制　　C. 永续盘存制　　D. 实地盘存制

4. 库存现金清查的方法是（　　）。

A. 核对账目法　　B. 实地盘点法　　C. 技术推算法　　D. 发函询证法

5. 库存现金清查中，对无法查明原因的账款，经批准应计入（　　）。

A. 其他应收款　　B. 其他应付款　　C. 营业外收入　　D. 管理费用

6. 某企业在遭受洪灾后，对其受损的财产物资进行的清查，属于（　　）。

A. 局部清查和定期清查　　B. 全面清查和定期清查

C. 局部清查和不定期清查　　D. 全面清查和不定期清查

7. 对于大量堆积的煤炭清查，一般采用（　　）方法进行。

A. 实地盘查　　B. 抽查检验

C. 技术推算盘点　　D. 查询核对

8. 对银行存款进行清查时，应将（　　）与银行对账单逐笔核对。

A. 银行存款总账　　B. 银行存款日记账

C. 银行支票备查账　　D. 库存现金日记账

9. 财产物资的经管人员发生变动时，应对其经管的那部分财产物资进行清查，这种财产清查属于（　　）。

A. 全面清查和定期清查　　B. 局部清查和定期清查

C. 全面清查和不定期清查　　D. 局部清查和不定期清查

10. 银行存款清查中发现的未达账项应编制（　　）来检查调整后的余额是否相等。

A. 对账单　　B. 实存账存对比表

C. 盘存单　　D. 银行存款余额调节表

11. 企业通过实地盘点法先确定期末存货的数量，然后倒挤出本期发出存货的数量，这种处理制度称为（　　）。

A. 权责发生制　　B. 收付实现制　　C. 账面盘存制　　D. 实地盘存制

12. 对于应收账款进行清查应采用的方法是（　　）。

A. 技术推算法　　B. 实地盘点法　　C. 询证核对法　　D. 抽查法

13. 对实物资产进行清查盘点时，（　　）必须在场。

A. 实物保管员　　B. 记账人员　　C. 会计主管　　D. 单位领导

14. 库存现金盘点时发现短缺，则应借记的会计科目是（　　）。

A. 库存现金　　B. 其他应付款

C. 待处理财产损益　　D. 其他应收款

15. 现金出纳人员发生变动时，应对其保管的库存现金进行清查，这种财产清查属于（　　）。

A. 全面清查和定期清查　　B. 局部清查和不定期清查

C. 全面清查和不定期清查　　D. 局部清查和定期清查

16. 银行存款余额调节表中调节后的余额是（　　）。

A. 银行存款账面余额

B. 对账单余额与日记账余额的平均数

C. 对账日企业可以动用的银行存款实有数额

D. 银行方面的账面余额

17. 对财产清查结果进行正确账务处理的主要目的是保证（　　）。

A. 账表相符　　B. 账账相符　　C. 账实相符　　D. 账证相符

18. 下列情况下，应进行局部清查的是（　　）。

A. 年终决算前　　B. 单位撤销、合并

C. 单位改制　　D. 更换实物保管员

19. 单位主要领导调离工作前进行的财产清查，应属于（　　）。

A. 重点清查　　B. 全面清查　　C. 局部清查　　D. 定期清查

20. 因企业合并、改制、重组进行的财产清查，应属于（　　）。

A. 重点清查　　B. 全面清查　　C. 局部清查　　D. 定期清查

21. 库存现金清查盘点时，（　　）必须在场。

A. 记账人员　　B. 出纳人员　　C. 单位领导　　D. 会计主管

四、判断题

1. 对于各种未达账项，会计人员应根据银行存款余额调节表登记入账。（　　）

2. 实物盘存后，应根据“实存账存对比表”作为调整账面余额记录的原始依据。（　　）

3. 对大堆存放、比较笨重的实物资产，应采用技术推算法进行盘点，确定其实存数。（　　）

4. 对于盘盈或盘亏的财产物资，需在期末结账前处理完毕，如在期末结账前尚未经批准处理的，等批准后进行处理。（　　）

5. 技术推算法是指利用技术方法推算财产物资账存数的方法。（　　）

6. 未达账项仅仅是指企业未收到凭证而未入账的款项。（　　）

7. 对应付账款应采用询证核对法进行清查。（　　）

8. 从财产清查的对象和范围看，全面清查只有在年终进行。（　　）

9. 永续盘存制与实地盘存制都是确定各项实物资产账面结存数量的方法。（　　）

10. 实地盘存制能随时反映存货的收入、发出和结存动态。（　　）

11. 财产清查中，对于银行存款，各种往来款项至少每月与银行或有关单位核对。（　　）

12. 对于价值低、品种杂、进出频繁的商品或材料物资，应采用实地盘存制核算。（　　）

13. 账实不符是财产管理不善或会计人员水平不高的结果。（　　）

14. 采用永续盘存制度，对财产物资也必须进行定期或不定期的清查盘点。（　　）

15. 存货清查过程中发现的超定额损耗应记入“营业外支出”账户。（　　）

16. 对银行存款进行清查时，如果存在账实不符现象，肯定是由未达账项引起的。（　）

17. 企业对于与外部单位往来款项的清查，一般采取编制对账单寄交对方单位的方式进行，因此属于账账核对。（　）

18. 银行已经付款记账而企业尚未付款记账，会使开户单位银行存款账面余额小于银行对账单的存款余额。（　）

19. 永续盘存制是以耗计存或以销计存，一般适用于一些价值低、品种杂、进出频繁的商品或材料物资。（　）

20. 对仓库中的所有存货进行盘点属于全面清查。（　）

五、简答题

1. 简述财产清查的意义。

2. 简述未达账项存在的几种情况。

3. 简述往来款项清查结果的处理。

六、实训题

1. 某企业发生以下经济业务：

（1）盘盈甲材料 3 000 元，经核查，其中的 2 000 元属自然升溢造成，另 1 000 元属计量器不准造成；盘亏乙材料 9 000 元，经核查，其中的 1 800 元属定额内自然损耗造成，1 200 元属计量器不准造成，1 000 元属保管员王某责任，责令其赔偿，从下月工资中扣除，5 000 元属暴风雨袭击，按规定保险公司应赔偿 4 000 元，其余计入营业外支出（非常损失）。

（2）盘盈机器设备一台，同类固定资产的市场价格为 10 000 元，经鉴定为七成新，已核查，属于未入账设备；盘亏机床一台，账面价值为 43 000 元，已提折旧 13 000 元，经核查属于自然灾害所致，按规定应向保险公司索赔 25 000 元，款项未收到，其余作营业外支出处理。

（3）短缺现金 200 元，无法查明原因，决定由出纳员承担责任，尚未收到赔款。

要求：根据上述经济业务编制报经批准前和批准后的会计分录。

2. 某企业在进行对账和财产清查时发现下列情况：

（1）对清查中发现的一台账外机器设备，有关人员已按目前市场价 100 000 元记入“固定资产”账户，同时在账上反映了折旧 40 000 元。

（2）在对银行存款进行清查时发现，一笔用现金支票支付的行政部门水电费 800 元误记入“库存现金”账户，导致企业银行存款日记账余额比银行对账单余额多出 800 元。

（3）原材料盘亏 2 700 元，经查是一张生产产品用材料的领料单为 6 300 元，而记账凭证误记为 3 600 元，原材料账实差异尚未调整，该批产品尚未完工。

要求：指出上述业务处理是否存在错误，如果有误，请指出更正方法并进行更正。

3. 某企业 2015 年 10 月 31 日的银行存款日记账账面余额为 690 000 元，而银行对账单上企业存款余额为 680 000 元，经逐笔核对，发现有以下未达账项：

（1）10 月 26 日，企业开出转账支票 2 000 元，持票人尚未到银行办理转账，银行尚未登账。

（2）10 月 28 日，企业委托银行代收款项 3 000 元，银行已收款入账，但企业未接到银行的收款通知，因而未登记入账。

（3）10 月 29 日，企业送存购货单位签发的转账支票 14 000 元，企业已登账，银行未登账。

（4）10 月 30 日，银行代企业支付水电费 1 000 元，企业尚未接到银行的付款通知，故未登记入账。

要求：根据以上有关内容，编制“银行存款余额调节表”，并分析调节后是否需要编制有关会计分录。

第八章 会计报告

一、名词解释

1. 资产负债表

2. 利润表

3. 现金流量表

二、填空题

1. 会计报告又称财务报告，是指单位根据经过审核的会计账簿记录和有关资料编制并对外提供的反映一定日期财务状况和某一会计期间__________、现金流量等会计信息的文件。

2. 财务报表至少应当包括____________、利润表、现金流量表、所有者权益变动表和附注。

3. 按反映的经济内容不同，财务报表可以分为静态报表和________报表。

4. 按编报的时间不同，财务报表可以分为中期财务报表和________财务报表。

5. 中期财务报表是以短于一个完整会计年度的报告期为基础编制的财务报表，包括月报、季报和________等。

6. 按报送的对象不同，财务报表可以分为________报表和对内报表。

7. 按编制的单位不同，财务报表可以分为________报表和合并报表。

8. 企业编制的会计报告应当内容真实、全面完整、编报________、便于理解，符合国家统一的会计制度的有关规定。

9. 资产负债表的编制依据是____________________________。

10. 资产各项目的合计等于负债和所有者权益各项目的合计，即满足____________________________这一会计平衡式的要求。

11. 资产负债表的"年初余额"栏内各项数字，根据上年末资产负债表________栏内各项数字填列。

12. 利润表的编制依据是____________________。

13. 利润表的格式一般有________式利润表和________式利润表两种。

14. 利润表“上期金额”栏内各项数字，应当根据上年该期利润表的__________栏内所列示数字填列。

15. 现金流量按其产生的原因和支付的用途不同，分为以下三大类：经营活动产生的现金流量、_________________________、筹资活动产生的现金流量。

三、选择题

1. 会计报告是反映各单位在一定时期（　　）的一种报告文件。

A. 财务结构、变现能力　　B. 经营状况、获利能力

C. 财务状况、经营成果　　D. 经营状况、变现能力

2. 在编制资产负债表时，下列各项中，应当需要根据其明细科目及“预付账款”科目的余额填列的是（　　）。

A. 应付债券　　B. 应付账款　　C. 实收资本　　D. 存货

3. 下列有关附注的说法，不正确的是（　　）。

A. 附注不属于财务报表的组成部分

B. 附注是对在财务报表中列示项目的描述或明细资料

C. 附注是对未能在财务报表中列示项目的说明

D. 附注是会计报告的组成部分

4. H 公司年末“应收账款”科目的借方余额为 100 万元，“预收账款”科目贷方余额为 150 万元，其中，明细账的借方余额为 15 万元，贷方余额为 165 万元。“应收账款”对应的“坏账准备”期末余额为 8 万元，该企业年末资产负债表中“应收账款”项目的金额应为（　　）万元。

A. 165　　B. 150　　C. 115　　D. 107

5. 财务报表中各项目数字的直接来源是（　　）。

A. 原始凭证　　B. 日记账　　C. 记账凭证　　D. 账簿记录

6. 资产负债表中所有者权益部分是按照（　　）的顺序进行排列的。

A. 实收资本、资本公积、盈余公积、未分配利润

B. 资本公积、实收资本、盈余公积、未分配利润

C. 资本公积、实收资本、未分配利润、盈余公积

D. 实收资本、盈余公积、资本公积、未分配利润

7. 资产负债表中的“存货”项目，应根据（　　）。

A. “存货”账户的期末借方余额直接填列

B. “原材料”账户的期末借方余额直接填列

C. “原材料”“生产成本”和“库存商品”等账户的期末借方余额之和填列

D. “原材料”“在产品”和“库存商品”等账户的期末借方余额之和填列

8. 下列各项中，不会影响营业利润金额增减的是（　　）。

A. 资产减值损失　　B. 财务费用　　C. 投资收益　　D. 营业外收入

9. 下列可直接根据总分类账户余额填列资产负债表项目的是（　　）。

A. 累计折旧　　B. 应收账款　　C. 未分配利润　　D. 实收资本

10. 某企业“应付账款”明细账期末余额情况如下：X 企业贷方余额为 200 000 元，Y

企业借方余额为 180 000 元，Z 企业贷方余额为 300 000 元。假如该企业“预付账款”明细账均为借方余额，则根据以上数据计算的反映在资产负债表上应付账款项目的数额为（　　）元。

A. 680 000　　B. 320 000　　C. 500 000　　D. 80 000

11. 下列（　　）可直接根据总分类账户余额填列资产负债表项目。

A. 固定资产清理　　B. 应收账款

C. 未分配利润　　D. 存货

12. 资产负债表中的各报表项目的填列，下列说法正确的是（　　）。

A. 都按有关账户期末余额直接填列

B. 必须对账户发生额和余额进行分析计算才能填列

C. 应根据有关账户的发生额填列

D. 有的项目可以直接根据账户期末余额填列，有的项目需要根据有关账户期末余额分析填列

13. 某企业某年某月末应收账款总分类账户的借方余额为 192 000 元，其中应收账款明细账户中借方余额合计为 194 000 元，贷方余额合计为 2 000 元，则列入资产负债表中“应收账款”项目期末数应为（　　）元。

A. 192 000　　B. 194 000　　C. 2 000　　D. 196 000

14. 在下列各财务报表中，属于对外的静态报表的是（　　）。

A. 利润表　　B. 所有者权益变动表

C. 现金流量表　　D. 资产负债表

15. 某年 12 月 31 日编制的利润表中“本期金额”一栏反映了（　　）。

A. 12 月 31 日利润或亏损的形成情况　　B. 1 月至 12 月累计利润或亏损的形成情况

C. 12 月份利润或亏损的形成情况　　D. 第 4 季度利润或亏损的形成情况

16. 在资产负债表中，资产按照其流动性排列时，下列排列方法正确的是（　　）。

A. 存货、无形资产、货币资金、交易性金融资产

B. 交易性金融资产、存货、无形资产、货币资金

C. 无形资产、货币资金、交易性金融资产、存货

D. 货币资金、交易性金融资产、存货、无形资产

17. 如果“应付账款”有关明细账户期末出现借方余额，应列入资产负债表的项目是（　　）。

A. 预付账款贷方　　B. 预收账款借方

C. 预付账款借方　　D. 预收账款贷方

18. 编制利润表主要是根据（　　）。

A. 资产、负债及所有者权益各账户的本期发生额

B. 资产、负债及所有者权益各账户的期末余额

C. 损益类各账户的本期发生额

D. 损益类各账户的期末余额

19. 我国现行会计准则规定，企业每个（　　）都要编制资产负债表。

A. 月末　　B. 季末　　C. 半年度　　D. 年末

20. 在利润表中，利润总额减去（　　）后，得出净利润。

A. 管理费用、财务费用　　B. 增值税

C. 营业外收支净额　　D. 所得税费用

21. 资产负债表中的资产项目应按其（　　）大小顺序排列。

A. 流动性　　B. 重要性　　C. 变动性　　D. 盈利性

22. 企业本月利润表中的营业收入为450 000元，营业成本为216 000元，营业税金及附加为9 000元，管理费用为10 000元，财务费用为5 000元，销售费用为8 000元，则其营业利润为（　　）元。

A. 217 000　　B. 225 000　　C. 234 000　　D. 202 000

23. 下列（　　）不应列入财务报表的“存货”项目。

A. 原材料　　B. 生产成本

C. 库存商品　　D. 经营性租入固定资产

24. 按照财务报表反映的经济内容分类，资产负债表属于反映（　　）的报表。

A. 某一特定日期的财务状况　　B. 经营成果

C. 对外报表　　D. 月报

25.（　　）是指企业对外提供的反映企业某一特定日期财务状况和某一会计期间经营成果、现金流量情况的书面文件。

A. 资产负债表　　B. 利润表　　C. 会计报表附注　　D. 会计报告

26. 下列项目中，资产负债表需要根据几个总账账户的期末余额进行汇总填列的是（　　）。

A. 应付职工薪酬　　B. 短期借款　　C. 货币资金　　D. 资本公积

27. 编制财务报表时，以“收入－费用＝利润”这一会计等式作为编制依据的财务报表是（　　）。

A. 利润表　　B. 所有者权益变动表

C. 资产负债表　　D. 现金流量表

28. 资产负债表中，“应收账款”项目应根据（　　）填列。

A. “应收账款”总分类账户的期末余额

B. “应收账款”总分类账户所属各明细分类账户期末借方余额合计数

C. “应收账款”总分类账户所属各明细分类账户期末贷方余额合计数

D. “应收账款”和“预收账款”总分类账户所属各明细分类账户期末借方余额合计数

29. 依照我国的会计准则，利润表采用的格式为（　　）。

A. 单步报告式　　B. 多步报告式　　C. 账户式　　D. 混合式

30. 财务报表的根据是（　　）。

A. 原始凭证　　B. 记账凭证　　C. 科目汇总凭证　　D. 账簿记录

四、判断题

1. 资产负债表是反映企业一定时期财务状况的报表。（　　）

2. 资产负债表是总括反映企业特定日期资产、负债和所有者权益情况的动态报表，通过它可以了解企业的资产构成、资金的来源构成和企业债务的偿还能力。（　　）

3. 中期财务报表是指以一年的中间日为资产负债表日编制的财务报表。（　　）

4. 损益表是反映企业一定日期经营状况的财务报表。（　　）

5. 会计报告是指单位根据经过审核的会计账簿记录和有关资料编制并对外提供的反映单位某一特定日期财务状况和某一会计期间经营成果、现金流量的文件。（　　）

6. 财务报表按其反映的内容，可以分为动态报表和静态报表，资产负债表是反映在某一时期企业财务状况的财务报表。（　　）

7. 利润表是反映企业一定日期经营状况的财务报表。（　　）

8. 资产负债表中资产方的项目是按资产流动性由小到大的顺序排列的。（　　）

9. 资产负债表中，“货币资金”项目应根据“银行存款”账户的期末余填列。（　　）

10. 向不同会计资料使用者提供财务会计报告，其编制依据应当一致。（　　）

11. 利润表中，“营业成本”项目反映企业销售产品和提供劳务等主要经营业务的各项销售费用和实际成本。（　　）

12. 财务报表项目数据的直接来源是原始凭证和记账凭证。（　　）

13. 实际工作当中，为使财务报表及时报送，企业可以提前报账。（　　）

14. 我国企业利润表的结构是单步式利润表。（　　）

15. 资产负债表是反映企业一定报告期间财务状况的报表。（　　）

16. 利润表是反映企业一定期间经营成果的财务报表。（　　）

17. 损益表中的各项目应根据有关损益账户的本期发生额或余额分析计算填列。（　　）

18. 资产负债表中往来应收、应付、预收、预付项目是根据总账数字直接填列。（　　）

19. 利润表中的各项目上期金额是指上月数据。（　　）

20. 无论资产负债表还是利润表、成本报表都是对外报送的财务报表。（　　）

21. 财务报表按照报送对象不同，可以分为个别财务报表和合并财务报表。（　　）

22. 财务报表是单位对外报送的资产负债表、利润表、现金流量表。（　　）

五、简答题

1. 简述编制资产负债表的意义。

2. 简述资产负债表的编制方法。

3. 简述利润表的编制原理。

六、实训题

1. 长凌公司 2015 年末总资产比年初总资产多 90 000 元，年末流动资产是年末流动负债的 5 倍。2015 年末的资产负债表（部分）如下：

资产负债表（简表）

编制单位：长城公司　　　　2015 年 12 月 31 日　　　　单位：元

资产	年初数	年末数	负债及所有者权益	年初数	年末数
流动资产：			流动负债：		
货币资金	27 500	22 500	短期借款	4 500	11 000
应收账款	57 500	（　）	应付账款	23 000	（　）
存货	（　）	72 000	应交税金	（　）	17 800
待摊费用	27 000	34 000	流动负债合计	（　）	56 800
流动资产合计	（　）	（　）	长期负债：		
固定资产：			长期借款	160 000	245 000
固定资产原价	（　）	（　）	所有者权益：		
减：累计折旧	55 000	61 000	实收资本	231 000	231 000
固定资产净值	328 000	（　）	盈余公积	64 000	（　）
			所有者权益合计	（　）	（　）
资产总计	（　）	（　）	负债及所有者权益总计	510 000	（　）

要求：完成填写上表括号中的数据。

2. 悦达公司 2015 年 12 月份各损益类账户发生额如下表所示。

账户发生额表　　　　单位：元

科目	借方发生额	贷方发生额	科目	借方发生额	贷方发生额
主营业务收入		90 000	其他业务收入		3 000
主营业务成本	50 000		其他业务成本	1 000	
主营业务税金及附加	4 500		投资收益		1 500
销售费用	2 000		营业外收入		3 500
管理费用	8 500		营业外支出	1 800	
财务费用	2 000		所得税用	9 400	

要求：根据上述资料填写下列该公司 2015 年 12 月利润表

利润表

编制单位：　　　　　　　　　　　　　　　　　　　　　　　　　　单位：元

项目	本月数	本年累计数
一、营业收入		
减：营业成本		
营业税金及附加		
销售费用		
管理费用		
财务费用		
加：投资收益（亏损以“—”号填列）		
二、营业利润		
加：营业外收入		
减：营业外支出		
三、利润总额（亏损以“—”号填列）		
减：所得税费用		
四、净利润（亏损以“—”号填列）		

第九章　会计档案

一、名词解释

1. 会计档案

2. 会计档案销毁

二、填空题

1. 各单位每年形成的会计档案，都应由会计机构按照归档的要求，负责整理________，装订________，编制会计档案保管清册。

2. 当年形成的会计档案，在会计年度终了后，可暂由本单位会计机构保管________年。期满之后，应由会计机构编制移交清册，移交本单位的________机构统一保管；未设立档案机构的，应当在会计机构内部指定________保管。

3. 会计档案的保管期限分为________和________两类。

4. 定期保管期限分为3年、5年、________年、15年和________年五类。

5. 会计档案为本单位利用，原则上不得________，有特殊需要须经上级主管单位或单位领导、会计主管人员批准。

6. 会计档案保管期满需要销毁的，由本单位档案机构提出销毁意见，编制会计档案________清册。单位负责人应当在会计档案销毁清册上签署意见。

三、选择题

1. 原始凭证和记账凭证的保管期限为（　　）年。

A. 15　　B. 25　　C. 3　　D. 10

2. 会计档案是指记录和反映单位经济业务事项的重要（　　）。

A. 凭证　　B. 资料和依据　　C. 资料和证据　　D. 材料

3. 企业年度财务报告（决算）的保管期限为（　　）。

A. 5年　　B. 15年　　C. 25年　　D. 永久

4. 各种会计档案的保管期限，根据其特点分为永久，定期两类。定期保管期限分为（　　）。

A. 3年、10年、20年、30年、40年五种

B. 1年、5年、10年、15年、20年五种

C. 3 年、5 年、10 年、15 年、20 年五种

D. 3 年、5 年、10 年、15 年、25 年五种

5. 其他单位如果因特殊原因需要使用原始凭证时，经本单位负责人批准，（　　）。

A. 可以借阅　　B. 只可以查阅，不能复制

C. 不可查阅或复制　　D. 可以查阅或复制

6. 会计档案的保管期限是从（　　）算起。

A. 会计年度终了后第一天　　B. 审计报告之日

C. 移交档案管理机构之日　　D. 会计档案整理装订日

7. 企业总账的保管期限为（　　）。

A. 15 年　　B. 3 年　　C. 25 年　　D. 永久

8. 当年形成的会计档案在会计年度终了后，可暂由本单位会计机构保管（　　）后移交到会计档案管理机构。

A. 3 个月　　B. 半年　　C. 一年　　D. 二年

9.《会计档案管理办法》规定，单位合并后原单位解散或一方存续、其他方解散的，原各单位的会计档案应由（　　）保管。

A. 存续方　　B. 档案局

C. 合并前单位的主管部门　　D. 财政部门

10. 其他会计核算资料是指与会计核算、会计监督密切相关、由会计部门负责办理的有关数据资料。不包括（　　）。

A. 银行对账单　　B. 存储在磁性介质上的会计数据

C. 财务数据统计资料　　D. 生产计划书

11. 银行存款余额调节表、银行对账单应当保存（　　）。

A. 3 年　　B. 永久　　C. 5 年　　D. 15 年

12. 企业的库存现金日记账、银行存款日记账的保管期限为（　　）。

A. 15 年　　B. 3 年　　C. 25 年　　D. 永久

13. 企业月、季度财务报告需要保管的期限为（　　）。

A. 15 年　　B. 3 年　　C. 25 年　　D. 永久

14. 会计档案保管清册的保管年限为（　　）。

A. 10 年　　B. 15 年　　C. 25 年　　D. 永久

四、判断题

1. 会计档案的保管期限分为永久保管和定期保管两种，其中定期保管又分为 3 年、5 年、10 年、15 年和 25 年五种。（　　）

2. 会计档案定期保管的期限应为 5～25 年。（　　）

3. 会计档案保管清册的保管期限为 25 年。（　　）

4. 企业会计账簿中的总账应当保管 15 年。（　　）

5. 企业和其他组织的银行存款余额调节表、银行对账单和固定资产报废清理后的固定资产卡片等会计档案保管期限应当为 3 年。（　　）

6. 当年形成的会计档案，在会计年度终了后，可暂由本单位会计机构保管一年。 ( )

7. 我国境内所有单位的会计档案均不得携带出境。 ( )

8. 企业年度会计决算（包括文字分析）保管期限为永久。 ( )

9. 实行会计电算化的单位，有关电子数据、会计软件资料等应当作为会计档案进行保管。 ( )

10. 会计档案是指会计凭证、会计账簿和会计报告等会计核算专业资料。 ( )

11. 财务部门或经办人，必须在会计年度终了后的第一天，将应归档的会计档案全部移交档案部门，保证会计档案齐全完整。 ( )

12. 单位负责人应在会计档案销毁清册上签署意见。 ( )

13. 各种会计档案的保管期限，根据其特点，分为长期和短期两类。 ( )

14. 各种会计档案的保管期限，从会计年度开始后的第一天算起。 ( )

15. 库存现金和银行存款日记账保管期限为15年。 ( )

16. 各单位保存的会计档案如有特殊需要，经本单位负责人批准，可以提供查阅或者复制，并办理登记手续。 ( )

17. 各单位的会计档案不得借出，但经批准后可以复制。 ( )

18. 销毁会计档案时，应由单位档案机构和会计机构共同派人员监销。 ( )

19. 保管期满但尚未结清的债权债务原始凭证，不得销毁，应单独抽出立卷。 ( )

20. 银行存款余额调节表、对账单是会计档案。 ( )

五、简答题

1. 简述会计档案的作用。

2. 会计档案保管期限是如何设定的？

3. 会计档案在查阅和复制时应注意哪些事项？

4. 简述会计档案的销毁程序。

六、实训题

1. 年终，甲公司拟销毁一批保管期满的会计档案，其中有一张未结清债权债务的原始凭证，会计李某认为只要保管期满的会计档案就可以销毁。会计李某的观点是否正确？简要说明理由。

2. 天力公司内部机构调整，会计李某负责会计档案保管工作，调离会计工作岗位，离岗前与接替者王某在财务科长的监交下办妥了会计工作交接手续。王某负责会计档案工作后，公司档案管理部门会同财务科将已到期会计资料编造清册，报请公司负责人批准后，由李某自行销毁。年底，财政部门对该公司进行检查时，发现该公司原会计李某所记的账目中有会计作假行为，而接替者王某在会计交接时并未发现这一问题。财政部门在调查时，原会计李某说，已经办理会计交接手续，现任会计王某和财务科长均在移交清册上签了字，自己不再承担任何责任。根据会计法律制度的有关规定，回答下列问题：

(1) 公司销毁档案是否符合规定？

(2) 公司负责人是否对会计作假行为承担责任？简要说明理由。

(3) 原会计李某的说法是否正确？简要说明理由。